fonctions, nonobstant tous usages contraires, jusqu'à l'installation des juges qui seront élus conformément aux décrets.

III. Les nouveaux juges seront installés, & prêteront serment en la forme établie par l'article VII du décret sur l'organisation de l'ordre judiciaire.

Sanctionné le 2 novembre 1790.

Décret sur la liquidation des offices supprimés, & sur l'indemnité à accorder aux anciens titulaires de ces offices jusqu'au remboursement de leurs finances.

Du 30 Octobre 1790.

L'assemblée nationale, ouï le rapport de son comité de judicature, décrète ce qui suit :

Article Premier.

Le remboursement de la dette exigible & des offices supprimés ayant été ordonné en assignats-monnoie par le décret du 29 septembre dernier, l'assemblée nationale décrète que les gages & autres émolumens arriérés des offices supprimés dûs par l'Etat, seront incessamment acquittés en la forme ordinaire, jusques & compris le 31 décembre 1790 ; au moyen de quoi il ne sera plus réuni au capital de chaque office lors de sa liquidation, que le montant des droits de provision énoncés en l'article X du titre premier du décret du 12 septembre.

II. En conséquence de la précédente disposition, tous émolumens, gages & attributions cesseront au premier janvier 1791. Les compagnies supprimées seront exclusivement tenues d'acquitter tous les arrérages de leurs dettes passives jusqu'au 31 décembre de la présente année, & l'Etat en sera chargé, à compter du premier janvier 1791.

e	é	a
u	o	i
ip	emme	une
age	af	aife

P. II. Pag. 8.

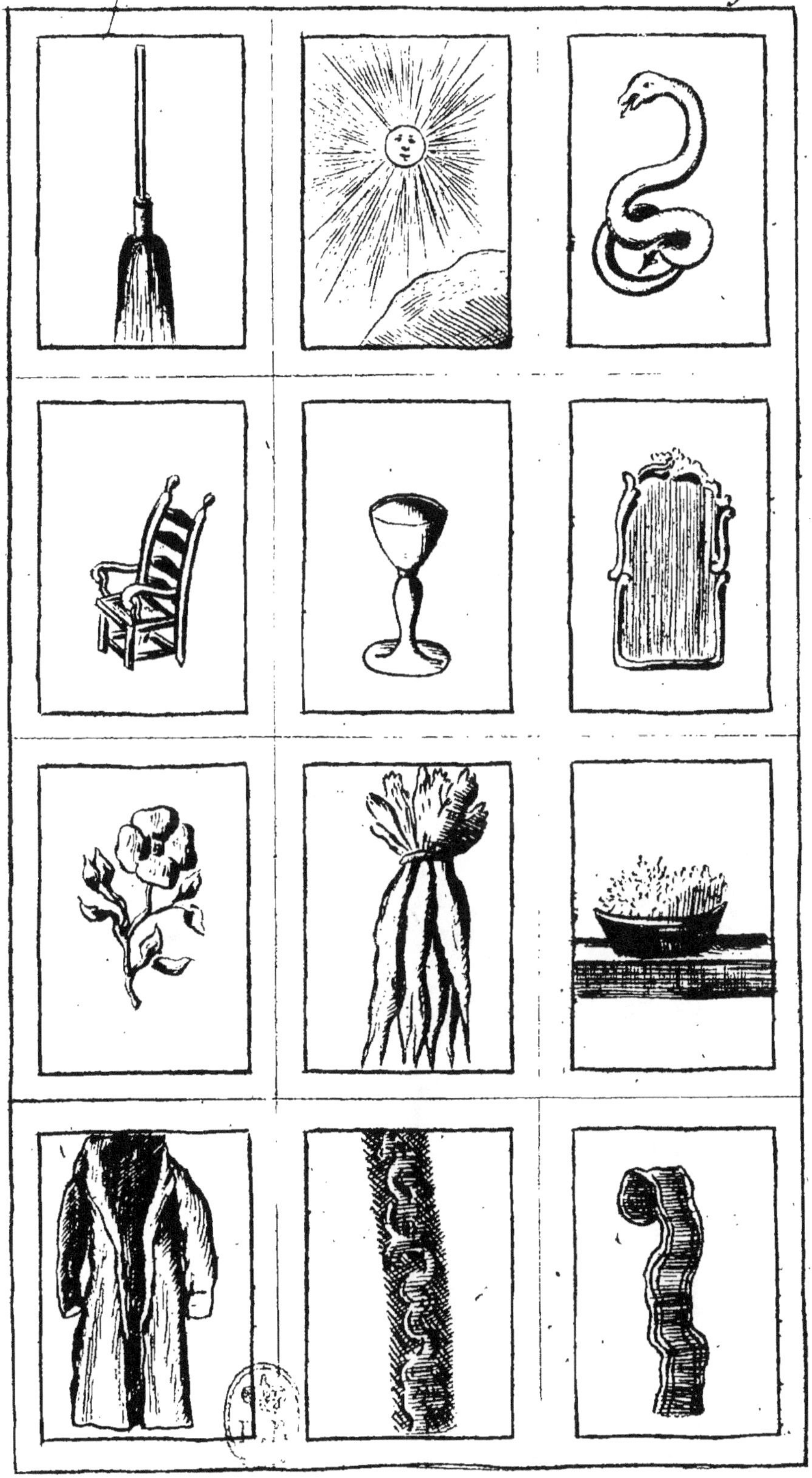

en	eil	ai
ace	er	euil
ad	av	eur
an	el	ob

in	ou	oi
ouet	oin	on
eu	enne	es
ec	ag	ette

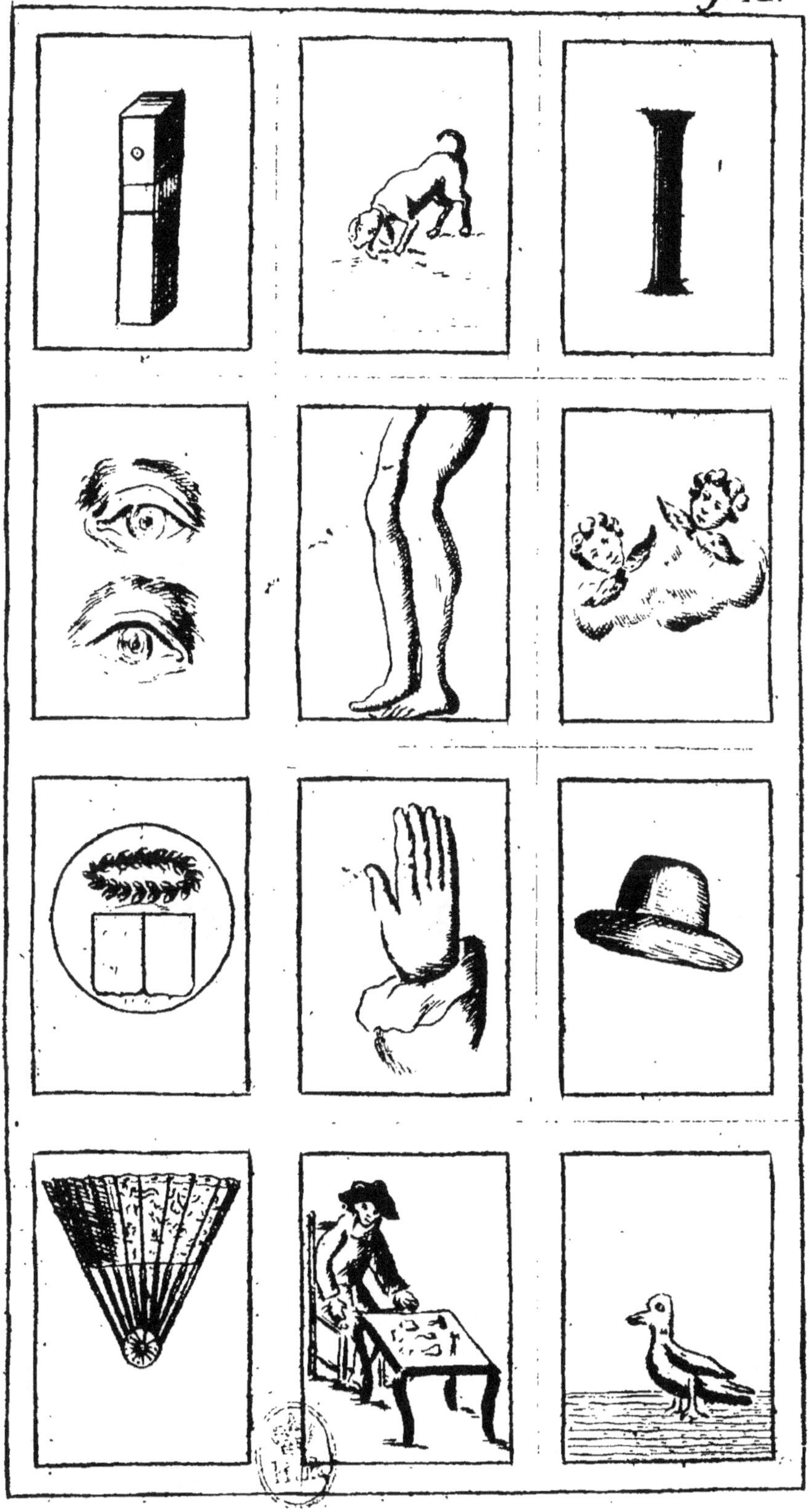

un	ien	ui
ange	ambe	yeu
eau	ain	oui
ar	ier	ail

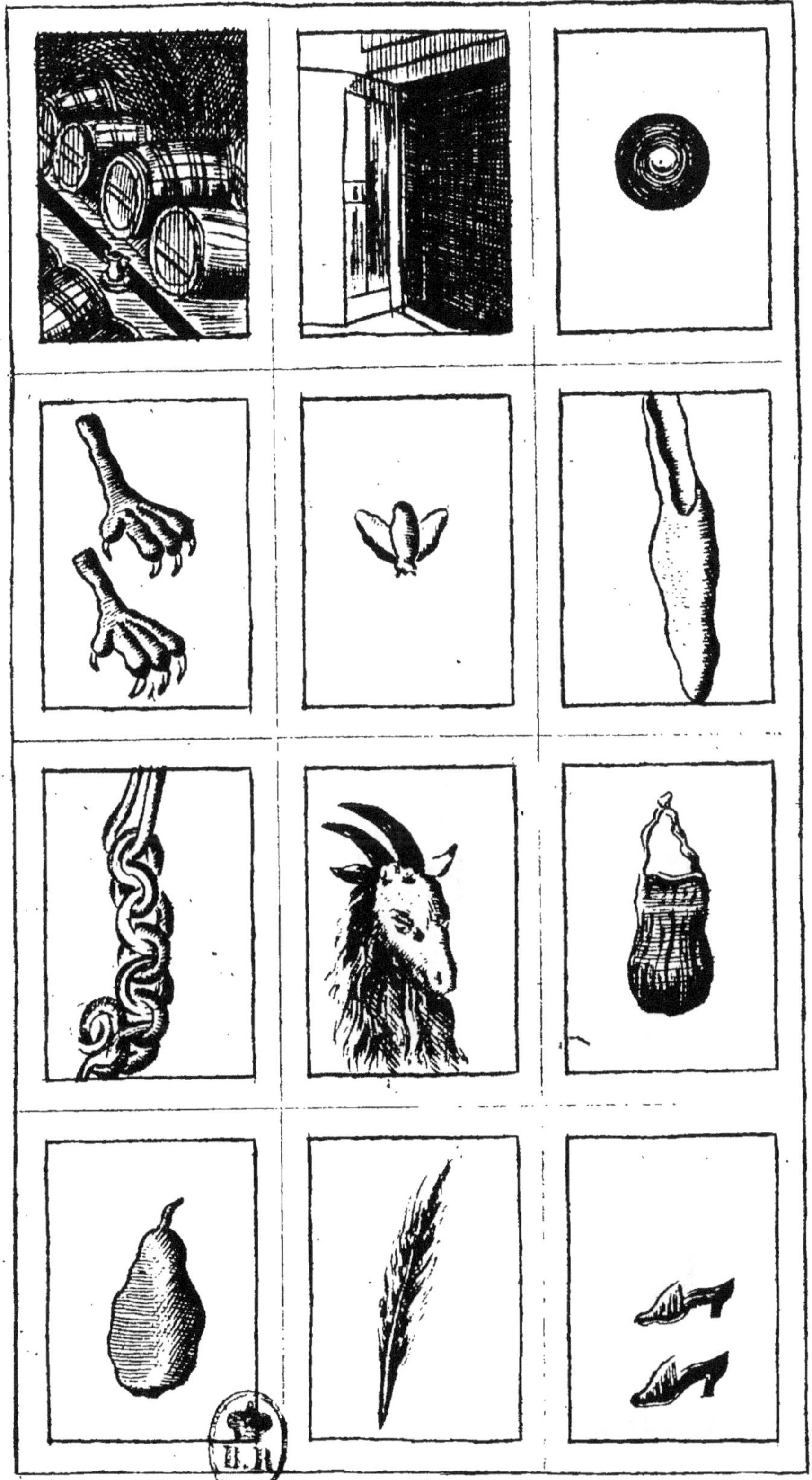

l	t	v
gu	ch	f
ſ	b	n
ſl	m	r

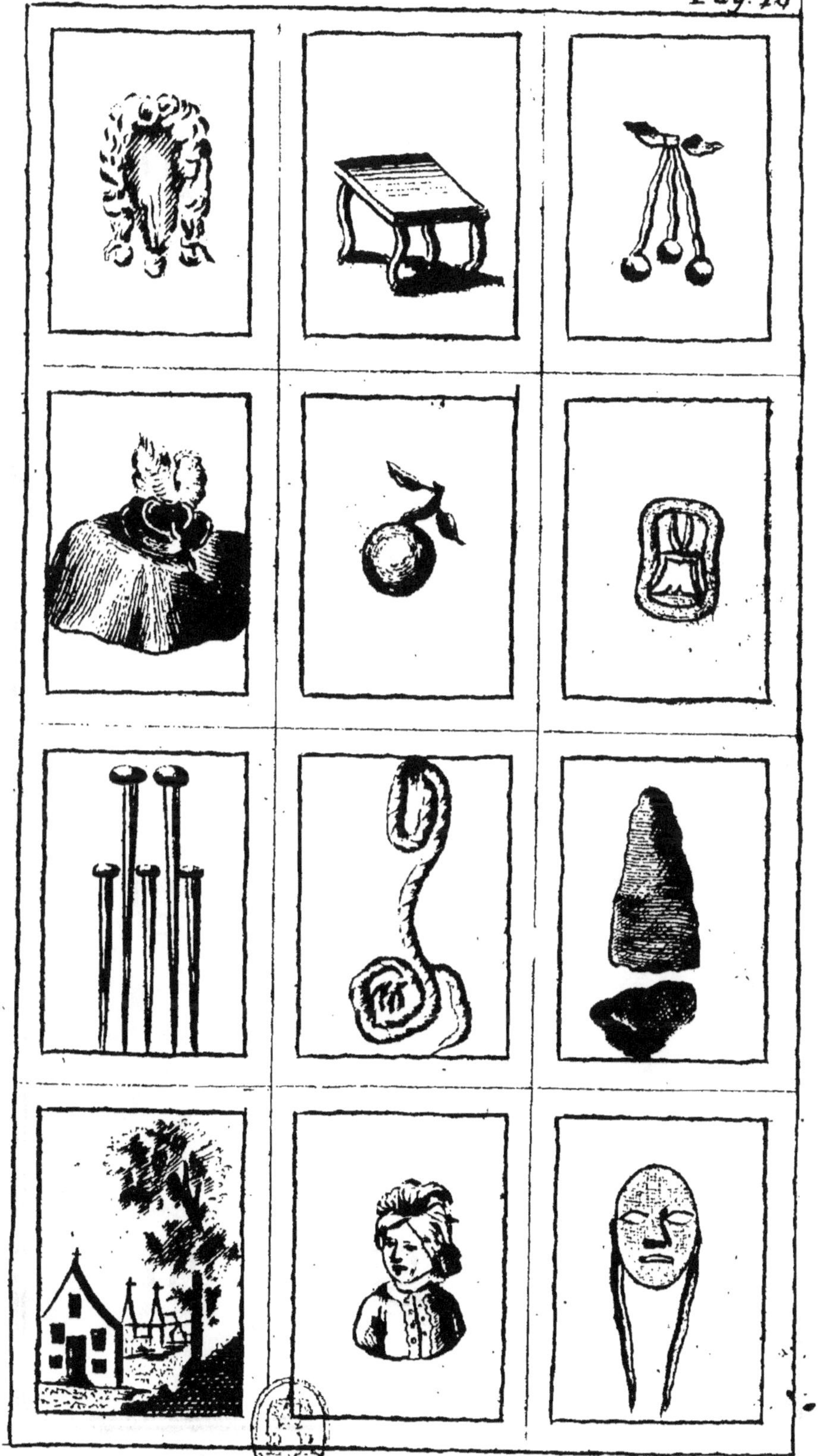

z	bl	qu
cl	j	p
cr	d	gl
ſqu	gr	gn

dr	ill	pſ
vr	fr	tr
ct	ſt	br
pt	ſph	ſtr

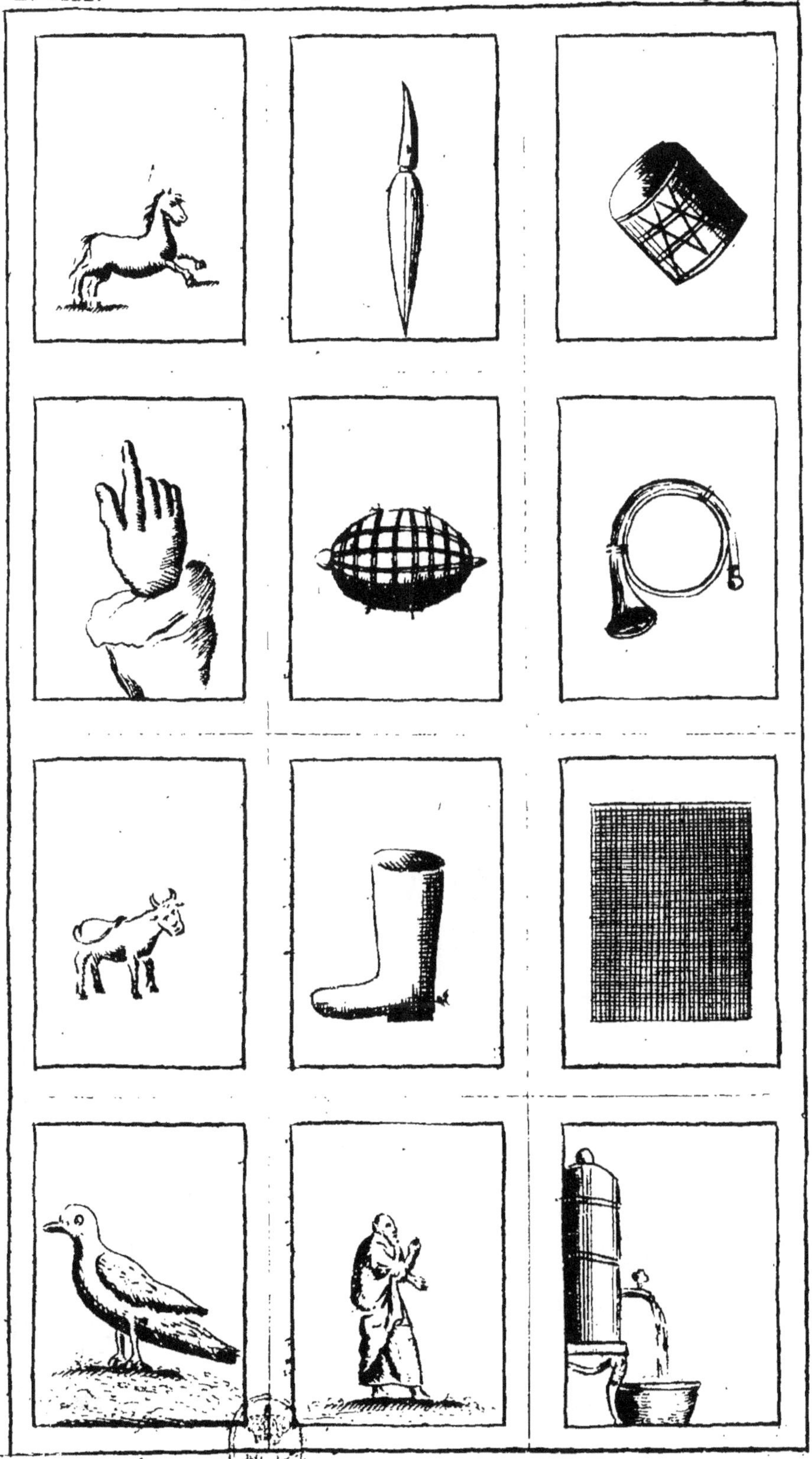

our	if	al
or	ue	ex
oir	otte	œuf
aine	aul	eai

lier	tion	pla
ci	ce	ca
pas	cu	co
coq	cœur	cou

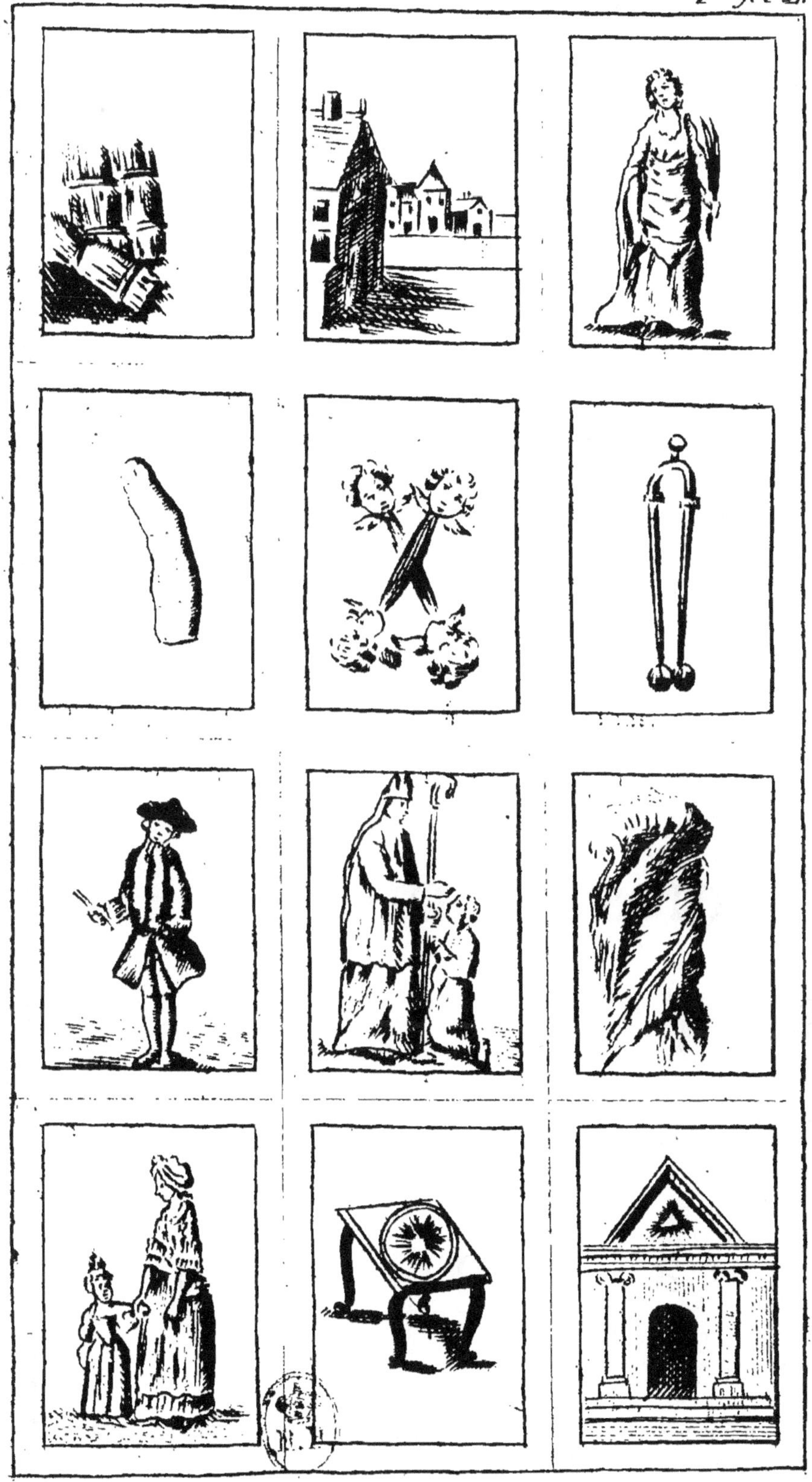

gur gi go

ſept vent doit

mes ction exem

ça ga gon

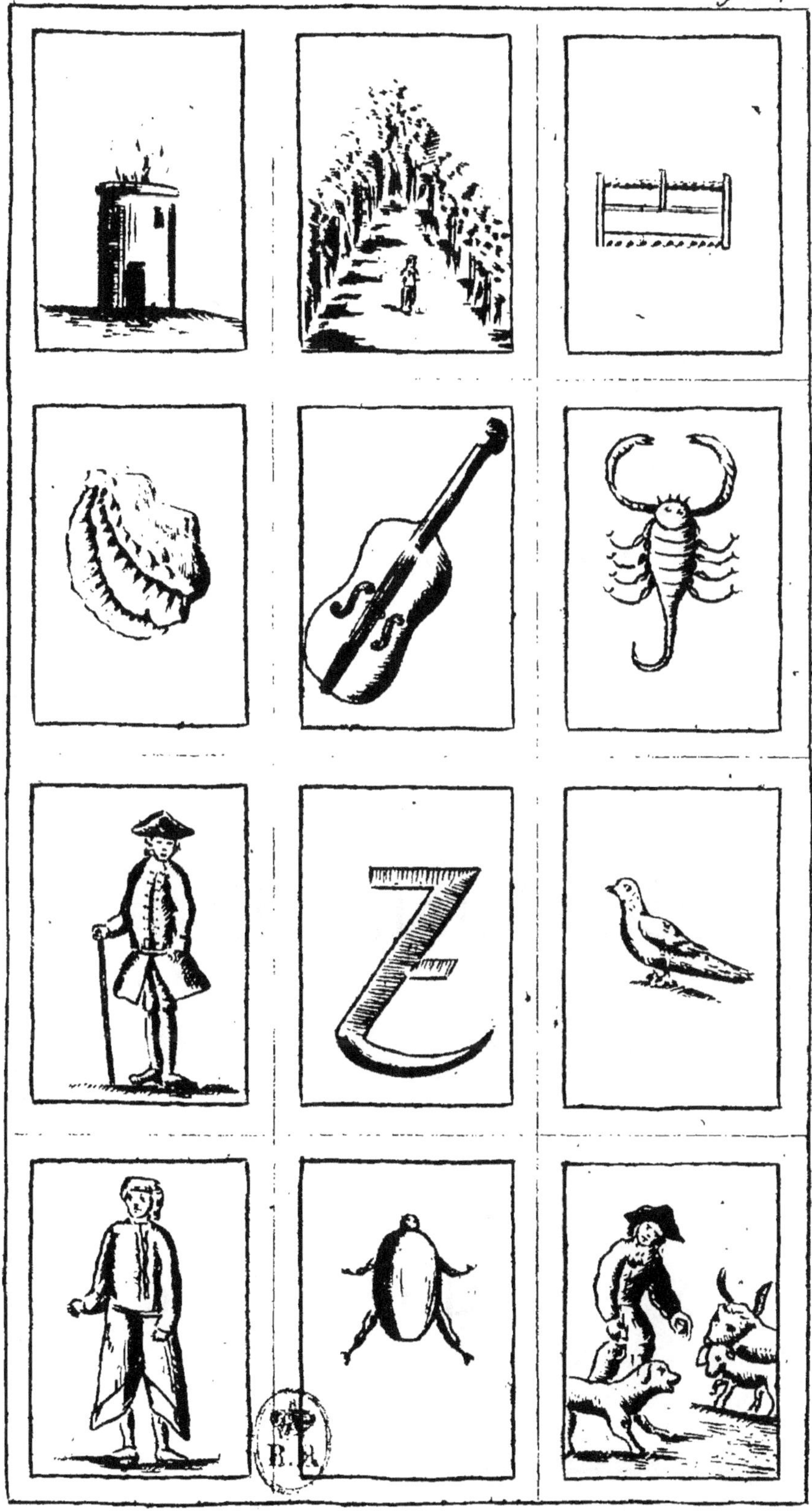

ſcie	pro	pha
ſcor	io	oë
gêon	aulx	illard
x	ouil	urc

J B Guibert inv et Sculp

SYSTÈME NOUVEAU DE LECTURE,

Par feu M. BERTHAUD, de l'Académie des Sciences & Belles-Lettres.

SECONDE ÉDITION,

Revue, corrigée & considérablement augmentée, par M. MILLION, Professeur de Mathématiques à Nismes, indépendamment des Droits de l'Homme qui se trouvent à la fin de l'Ouvrage; à l'usage de l'un et de l'autre sexe.

Avec lequel tout Enfant de quatre ou cinq ans peut, par le moyen de 264 Fig., y comprises celles sur carton, être mis en état de lire sans faute à l'ouverture de toutes sortes de livres, en trois ou quatre mois, et même beaucoup plutôt, selon les dispositions de l'Enfant.

Prix Broché, Cinq livres.

A NISMES,
Chez BUCHET, Libraire.

M. DCC. XCI.

INSTRUCTION

Sur la façon de ſe ſervir de ce Livre.

LE Libraire qui vendra ce Livre, vendra auſſi les 132 Figures des onze Planches, colées ſur des cartons derrière leſquels ſeront imprimés les ſons indiqués dans le Livre.

1.° On commencera par choiſir les 12 Figures de la première planche pour les mettre dans une petite boîte ſéparée, qui reſtera entre les mains de l'enfant; & les autres ſeront renfermées juſqu'au temps où on indiquera qu'il faudra s'en ſervir.

2.° On apprendra à l'enfant à connoître les objets qui ſont collés ſur les cartes, dont le nom de chacun ſe trouve énoncé dans ce Livre aux pages 8, 10, 12, 14, 16, 18, 20, 35, 50, 51 & 53. On ne lui parlera point des lettres qui ſont aux revers, mais ſeulement des figures, en s'y prenant de la ſorte. Par exemple, ſuppoſé qu'on lui montre la figure qui repréſente un *bec* d'oiſeau, au lieu de lui dire un bec d'oiſeau, (ce qui paroît très-naturel) on ſe contentera ſeulement de lui dire un *bec*. Si pareillement on lui préſente la figure de la *lune*, on lui fera articuler ſans aucune autre explication la *lune*; ainſi des autres figures, qu'on peut lui faire connoître dans l'ordre que l'on voudra, c'eſt-à-dire, en commençant indifféremment par les unes ou par les autres, obſervant toujours que ce n'est pas ici le moment de se répandre dans de grandes digressions.

3.° A mesure que l'enfant en connoitra quelques unes, on aura soin de les lui donner, en lui disant qu'il les a gagnées; de même qu'on aura attention de garder celles dont il ne se souviendra pas, afin de piquer son émularion, en lui faisant désirer de les gagner; & à mesure qu'il en saura, on les lui laissera en sa possession, & même toutes, s'il les gagne, afin qu'il puisse lui-même les répéter par forme d'amusement; & assez de fois pendant quelques jours pour se rendre tous ces objets familiers.

4.° S'il arrivoit par hasard que l'enfant eût de la peine à articuler quelques noms de ces figures, faute d'avoir la prononciation libre, il ne faudroit pas manquer de les lui faire couper par syllabes, en lui faisant dire *de la sa-la-de*, *la lu-ne*, &c. & par ce moyen on parviendroit en peu de temps à rectifier le défaut de ses organes, avant que de lui faire prononcer le mot de suite, comme *de la salade*, *la lune*, &c.

5.° En supposant maintenant que l'enfant a beaucoup répété ses figures, on les lui ôte pour lui faire prendre le livre, & à la page 8, où est la planche *des bas*, on lui fait faire un petit essai de jugement & de mémoire tout ensemble, en s'y prenant de la sorte. D'abord on lui fera voir la première ligne de la planche où sont les figures *des bas*, *d'un dé*, *d'une roue*, & lorsqu'on les lui aura fait répéter dans le livre cinq à six fois de suite, & dans le même ordre qu'elles y sont placées, on fermera le livre, & on exigera que l'enfant les dise par cœur dans l'ordre du livre & sans y rien changer. Pour que cette répétition lui coûte moins de peine, on lui laissera le temps de réfléchir, afin qu'il puisse se les représenter à l'imagination, comme nous ferions nous-mêmes, s'il étoit question de rendre compte par ordre d'une douzaine de figures, que nous aurions vues dans un tableau qui ne seroit resté exposé à notre vue qu'un seul instant. Alors aurions-nous recours à notre mémoire ? non ; mais à notre imagination où seroit restés gravés l'ordre & la forme de ces différens objets. Lorsque l'enfant saura les trois premières figures, on passera à la ligne suivante, en se conduisant comme on a fait pour la première, que l'on aura soin de lui faire répéter, malgré l'étude de la seconde. Enfin on ira de la seconde à la troisième, & finalement de la troisième à la quatrième, toujours avec ménagement, & sans trop de précipitation, de peur que ses idées ne viennent à se confondre, ce qui ne manqueroit pas d'arriver, si l'on ne donnoit pas le temps à l'enfant d'affermir ses idées.

6.° Cela fait, on passera aux lettres & aux sons ou syllabes qui sont de l'autre côté de la page, lesquelles commencent, par *a*, *é*, *e*, *i*, o, *u*, &c., & répondent aux figures, & pour lors on fera faire à l'enfant une petite opération qui paroîtra des plus singulières ; mais dans laquelle pourtant il faudra se donner de garde de jamais rien changer : la voici.

En lui montrant *a*, on lui fera dire *des bas* ; en lui faisant voir *é*, on lui fera appeller cette lettre *un dé* ; *e* se nommera *une roue*, la lettre *i*, *un lit* ; la lettre *o* *des os* ; la lettre *u*, *un bossu*, &c., desorte qu'il paroit absurde que l'on soit obligé de tromper ainsi l'enfant ; n'importe : que l'on soit toujours exact à suivre ce qui est prescrit ici, & l'on en verra bientôt l'utilité.

7.° Il y a à la I.re ligne de la I.re planche une lettre que l'on nomme vulgairement *é*, & que nous appellons *e*. Elle exige une attention particulière par rapport à sa difficulté. Ainsi en montrant à l'enfant la figure de *la roue*, on prendra garde qu'il ne dise pas comme dans les autres mots *une roue*, *oue*, mais bien une *rou-e*, desorte que cette lettre n'a que la valeur d'un son muet, comme dans les mots *prince*, *mouche*, &c.

8.° En supposant que l'enfant est en état de nommer toutes les figures de la première planche à l'inspection seule des lettres, sons ou syllabes qui y ont rapport, on entreprendra de lui en faire retenir le son de l'écho. Par exemple, on lui fera dire *des bas*, *a*; *un dé*, *é*; *une roue*, *e*; *un lit*, *i*; *des os*, *o*; *un bossu*, *u*, &c. Quand il sera familier avec les sons, on lui fera dire tout bas le mot *des bas*, & tout haut *a*, *un dé* tout bas, & *é* tout haut; *une roue* tout bas, & *e* tout haut; & ainsi de même tout le reste de la page jusqu'à ce qu'il soit en état de les nommer promptement de suite, à rebours, de haut en bas, & en tout sens; ce qui demande des répétitions de plusieurs jours.

9.° Si dans l'intervalle de cet exercice, il arrivoit par hasard que l'enfant hésitât sur quelques lettres, quelques sons ou syllabes, on se gardera bien de jamais lui nommer les lettres qui entrent dans la composition de ces syllabes, quand même on les nommeroit selon notre dénomination, & à plus forte raison, si on le faisoit en se servant des noms ordinaires de l'ancien alphabet; mais on le rappellera tout simplement à la figure qui y aura rapport, en lui disant tout uniment: *pensez à la figure*, & pour cela on lui laissera toujours le temps de la réflexion; car un des grands avantages de cette méthode est d'en donner beaucoup sans contraindre l'enfant. On ne dit rien du ridicule de l'ancienne dénomination des lettres que l'on ne sauroit plus supporter, dès qu'on a une fois connoissance de la nouvelle, qui se rapproche autant de la raison, que l'autre s'en écarte. C'est pourquoi il faut éviter très-soigneusement de ne jamais mêler les deux dénominations enſemble, ſans quoi il n'y a point de progrès aſſurés.

10.° Il ne faut point faire paſſer un enfant d'un objet à un autre, c'eſt-à-dire, d'une leçon à une autre, à moins que l'écolier ne poſſède parfaitement les précédentes, & que l'on ne puiſſe dire qu'il ſe joue en la répétant.

11.° On ne paſſera point aux figures de la ſeconde planche, que l'enſant ne ſache reconnoître au premier coup d'œil les lettres ou ſons qui répondent aux figures de cette première planche; & pour être bien sûr qu'il n'en ignore point, on prendra toutes les cartes qui y répondent, afin de les lui préſenter l'une après l'autre du côté des caractères. Peut-être aura-t-il d'abord un peu de peine à ne s'y pas tromper; mais en s'y prenant bien on veut dire, en ne lui en montrant que quatre ou cinq à la fois, on doit être aſſuré qu'il ne lui faudra pas plus d'une ou de deux leçons pour vaincre toutes difficultés à cet égard. Pour lors on ſera le maître d'entreprendre la ſeconde planche, en faiſant exactement pour celle-ci; & pour la troiſième & quatrième, tout ce qu'on aura fait pour la première.

12.° Tandis qu'on paſſera quelques leçons à la répétition des quatre premières planches, on l'occupera en même-temps à apprendre la cinquième, la ſixième & la ſeptième planche des figures qui commencent par *une cave*, *une porte*, *une boule*, &c., & toujours en ſuivant le même ordre que l'on aura obſervé dans l'étendue des précédentes, cependant en faiſant dire à l'enfant non pas *une cave*, *ave*; *une porte*, *orte*; *une boule*, *oule*; comme on a fait dans les quatre premières planches, mais au contraire la dernière ſyllabe entiére, comme *une ca-ve*, *une por-te*, *une bou-le*, &c.; c'eſt-à-dire, que l'enfant dira tout bas *une ca*, & *ve* tout haut; *une por* tout bas, & *te* tout haut; *une bou* tout bas, & *le* tout haut, ainsi des autres.

13.° En supposant qu'à force de répétitions en tous sens, tant sur les consonnes que sur les voyelles, & sons composés qui se trouvent depuis le commencement du livre jusquà la page 23, où est la table des syllabes, l'enfant prononce sur le champ, & sans hésiter tout ce qu'on lui demandera indistinctement sur les trois planches, alors on entreprendra la table des syllabes, commençant par *va*, *vé*, *ve*, *vi*, &c., & pour y bien réussir, on s'y prendra de la sorte. D'abord on cachera à l'enfant le *v* avec une carte, pour qu'il ne puisse plus voir que *a*; on en fera de même pour *é*, *e*, *i*, &c. Lorsqu'on sera sûr que l'enfant reconnoît parfaitement tous les sons & toutes les lettres du premier article de cette table, alors on essayera de les lui faire encore répéter sans les cacher avec la carte, après quoi on le fera syllaber, en observant de point en point tout ce qu'on vient de dire. On appaisera la voix en prononçant la syllabe sur le *v*, surtout avant que de la joindre au son suivant, de telle sorte que la voix fasse l'effet de l'espace qui est entre ces deux lignes *v* ═══ *va* que l'on doit diminuer petit-à-petit; ainsi le son initial *v* sera d'abord rendu d'une façon assez forte, & à mesure qu'on le joindra à la voyelle *a*, il sera affoibli. Après ce premier article, on passera au second qui commence par la consonne *t*, & de celui-là on ira aux autres, toujours avec prudence & ménagement.

14.° Après que l'enfant aura parcouru la table des syllabes un nombre de fois suffisant, pour qu'il puisse la lire tantôt dans un endroit, tantôt dans un autre, alors on lui fera remarquer à la page 34, les doubles consonnes, pour lui recommander de ne les prononcer que comme si elles étoient simples, & de-là on paſſera tout de ſuite à la huitième planche, ſur laquelle on exercera l'enfant comme ſur les précédentes. Enſuite on viendra au changement de première lettre qui coûtera un peu d'application. On ira deſuite juſqu'à la pièce de lecture qui ſe trouve à la page 42, que l'on ne fera point commencer que l'enfant ne ſoit en état de répéter deſuite au premier coup d'œil, tout ce qui lui a ſervi de leçon précédemment. De cette pièce de lecture, on paſſera à la ſeconde, (page 46) qui ne diffère de la première qu'en ce que les mots ne ſont point coupés par ſyllabes : & les lettres, ſons & ſyllabes, que l'on trouve à la fin de chaque page, ne ſeront point oubliés.

15.° Si l'Enfant dans la dernière pièce de lecture où les mots ſont de ſuite, c'eſt-à-dire, ſans être ſéparés les uns des autres, ſe trouvoit quelquefois arrêté dans ſa lecture, faute de ſavoir comment diviſer ſes mots par ſyllabes, il faudroit l'aider avec une carte, en ne laiſſant d'abord voir qu'une ſyllabe à la fois, & ſurtout lorſqu'on lui fera lire de nouveau; après quoi on peut le lâcher tout ſeul à la troiſième lecture de la même choſe.

16.° L'Enfant ayant lu & relu pluſieurs fois la pièce de lecture dont nous venons de parler, il ſe trouve aux trois dernières planches, qui ſe trouvent aux pages 50, 51 & 53, ſur leſquelles on le conduira comme ſur les précédentes, en obſervant néanmoins de conſulter, pour les ſons, l'explication des figures qui eſt dans le livre.

17.° A la page 57, on trouve pluſieurs caractères différens exprimant le même ſon à peu de choſe près, comme *ai*, *eſt*, &c. Si l'Enfant paroît ſurpris de voir la voyelle naſale *im* à côté d'*in*, on lui dit que c'eſt la même choſe; & pour lui donner la facilité de le concevoir, on cache avec une carte le troiſième jambage, ou le surplus de ce qui se trouve dans le son radical. Par exemple, dans *eur* & *ocur*, on cachera la lettre *o* pour ne laisser paroître que *cur*, &c.

18.° S'il se trouve à la fin des mots certaines lettres qui ne doivent pas se prononcer, comme la lettre *t* dans le mot *prudent*, on se contente de dire à l'enfant qu'elles ne se prononcent pas, & que l'on ne doit presque jamais y faire attention.

19.° A la page 59, on trouvera des consonnes composées ou dérivées des simples; on les fera connoître par détail à l'enfant, & ensuite on lui apprendra à les nommer d'une seule voix, en lui faisant parcourir les deux ordres plusieurs fois, ainsi que les sons & syllabes qu'il faut qu'il dise aussi d'une seule voix. On passera de-là à la table des syllabes qui suit.

20.° A l'égard de tout ce qui peut faire l'objet de quelques leçons, je veux dire de tout ce que l'on rencontre jusqu'à la page 69, on ne prescrit ici que ce que la prudence & l'expérience qu'on aura acquise par l'usage, peuvent suggérer, par conséquent on jugera du besoin de la répétition des mêmes choses par l'habileté de l'enfant.

21.° La pièce de Lecture qui est à la page 73 est difficile & ennuyeuse, mais aussi elle donne à ceux qui ont la constance de la suivre, une supériorité sans égale pour toutes sortes de lectures. Les uns la suivent, & les autres la laissent de côté. Mais on peut assurer, d'après l'expérience, qu'il est très-utile de la lire toute entière, & même plusieurs fois.

22.° A la page 94, on trouvera du caractère italique sur lequel il faudra d'autant plus exercer l'enfant qu'il lui procurera la facilité de lire plus promptement dans l'écriture. On ne parle point des différentes choses qui se rencontrent jusqu'à la première lecture suivie; le maître doit sentir qu'elles ne sont pas faites pour être négligées. D'ailleurs, il pourra consulter les différens avertissements qui sont dans le livre.

On observera de ne point faire passer les enfants à la lecture du latin qu'ils ne lisent parfaitement dans le français. D'ailleurs, c'est une espèce de lecture qui ne coûtera jamais plus de quinze jours d'application : ainsi pourquoi la suivre de trop bonne heure, dès qu'on est sûr de nuire aux progrès de l'élève.

DISCOURS

PRÉLIMINAIRE.

LE Public verra ſans doute avec plaiſir une ſeconde édition du Syſtême de Lecture, que M. BERTHAUD n'avoit d'abord donné qu'avec 88 figures. M. l'Abbé DESFONTAINES, ce fameux critique, à qui il étoit ſi difficile d'en impoſer en matiere de Science & de Littérature, trouvoit cette méthode ſi juſte, ſi facile & ſi précieuſe, qu'il l'appelloit la *pierre philoſophale.* Voici comment il s'exprime dans la lettre 469, tom. 32e. des Obſervations ſur les Ecrits modernes.

„ Je vous ai parlé dans ma lettre 461, „ d'une méthode de M. BERTHAUD, pour „ apprendre à lire. Quoique je ne déſapprou„ vaſſe point alors l'idée de l'Auteur, je vous „ avouerai que j'avois bien de la peine à me „ perſuader que le ſuccès fût auſſi rapide qu'il „ l'aſſure dans ſa lettre.... Je ne diſſimulerai „ point que je conſervois encore à cet égard „ quelque ſorte d'incrédulité. J'ai donc voulu

„ m'en convaincre par moi-même, & j'ai dé-
„ terminé M. BERTHAUD à faire une nouvelle
„ épreuve ſur un enfant que je lui ai fait pré-
„ ſenter. Je vous aſſure que j'ai choiſi le plus
„ inepte que j'aie pu rencontrer ; mais je ne
„ ſaurois vous exprimer la ſurpriſe & en même-
„ tems le plaiſir que j'ai reſſenti, lorſqu'au
„ bout de 26 jours, il me l'a amené pour
„ être témoin & juge des progrès qu'il avoit
„ faits. Ils m'ont paru ſi étonnans, & telle-
„ ment au-deſſus de ce que j'attendois, que
„ je crois qu'il eſt de l'intérêt de la littérature
„ de rendre ici un témoignage authentique à
„ la juſteſſe & à la facilité de la nouvelle mé-
„ thode que j'appellerois volontiers la *pierre*
„ *philoſophale*, tant je ſens aujourd'hui que
„ cette nouvelle découverte eſt avantageuſe au
„ Public.... Non content de voir lire l'enfant
„ à l'ouverture d'un livre que j'avois ſur ma
„ table, j'ai voulu encore examiner moi-même
„ ſi ces figures avoient réellement ſervi à graver
„ dans ſa mémoire les différens ſons de la lan-
„ gue... Pour le bien connoître, j'ai retourné
„ toutes les fiches, & n'ai laiſſé paroître que les
„ ſyllabes. J'ai vu en effet qu'à la ſeule inſpection
„ de chaque ſyllabe, il ne manquoit pas, auſſi-
„ tôt après l'avoir nommée, de me dire ce que
„ repréſentoit la figure qui étoit cachée der-
„ riere, & même de me faire ſentir qu'il n'y
„ avoit que le reſſouvenir de la figure qui le

„ conduisît à la connoiſſance du ſon qui y a
„ rapport. . . . Je trouve (dit-il plus bas) l'in-
„ vention de M. BERTHAUD, de quelque côté
„ que je la conſidere, la choſe la plus avan-
„ tageuſe que nous puiſſions jamais ſouhaiter
„ pour l'éducation de la jeuneſſe, & même
„ pour le progrès des ſciences. »

A un ſuffrage d'un ſi grand poids, nous pourrions joindre ceux de pluſieurs perſonnes de diſtinction dont les enfans ont appris à lire en un mois par cette méthode, & qui en ont délivré des certificats à l'Auteur : mais nous nous contenterons de citer encore l'épreuve que l'Auteur fit de ſa méthode ſur deux Ramoneurs que pluſieurs des Meſſieurs de l'Académie Françoiſe, & notamment MM. de MARIVAUX & de CRÉBILLON, alors Cenſeur Royal & de la Police, voulurent bien choiſir eux-mêmes pour rendre plus authentique la preuve du ſuccès. Au bout du mois, à compter du jour qu'ils ont été envoyés chez M. BERTHAUD, ils ſe ſont trouvés en état de paroître devant ces Meſſieurs pour y lire à l'ouverture du premier livre qui eſt tombé ſous la main, moyennant deux leçons par jour, qui leur ont coûté ſi peu de tems, qu'ils ont vaqué dans la journée à leurs exercices ordinaires.

C'eſt d'après pluſieurs expériences que j'ai faites ſur divers enfans, qui m'ont été envoyés, que je me ſuis déterminé à ajouter quarante-quatre figures aux quatre-vingt-huit de M. BERTHAUD. J'ai remarqué que dans les Provinces où la langue Françoise n'est pas familiére aux enfans, les Maîtres ont beaucoup plus de peine, puisqu'il faut quelquefois plusieurs jours, avant que l'enfant puisse dire en françois le nom de chaque figure. Ceux qui font usage de ce Systême, verront avec plaisir cette addition, & les changemens que j'ai été obligé de faire, pour ôter une répétition trop uniforme dans les éditions précédentes. Ce Systême a pour but non-seulement de bien diriger les premieres études, d'abréger & de faciliter le grand art de former les hommes, en écartant des premiers principes les difficultés & les dégoûts qui ralentissent leur marche & arrêtent les progrès de l'esprit humain; mais même, de rendre intéressans & gracieux les moyens qui concourent à une éducation plus vaste & plus compléte. Il présente une nouvelle méthode d'enseigner & d'apprendre, en moins de tems, avec plus de succès, & par maniere de récréation, la valeur des caracteres, & les différentes combinaisons de toutes les langues anciennes & modernes de l'univers.

Voici comment s'exprime M. MANENTY dans le Courier d'Avignon, n°. 42. 1789.

Parmi un grand nombre de méthodes abstraites, longues & coûteuses pour apprendre à lire, dont le Public est inondé; quoique celle de M.

LUNEAU DE BOIS-JERMAIN soit à tous égards une des meilleures, les expériences heureuses que le S. MANENTY, Professeur de Belles-Lettres, Maître de pension à Avignon, fait depuis quelque tems du Systême nouveau de M. BERTHAUD, revu & augmenté par M. MILLION, Professeur de Mathématiques à Nismes, & les progrès rapides de ses éléves, l'ont engagé à lui donner la préférence. Il assure le Public de mettre un enfant de 4 ou 5 ans en état de lire sans faute, dans 5 mois, à l'ouverture de toutes sortes de livres. Plusieurs autres habiles Maîtres de France, notamment *M. CLARKE de Naples, Anglois de nation*, en ont rendu un bon témoignage dans les papiers publics.

Sons finals qui répondent aux fig. de la 1ere Planche.

EXPLICATION DES FIGURES DE LA PREMIERE PLANCHE.

des bas	a	*un lit*	i	*la lune*	une	*une chaiſe*	aiſe
un dé	é	*des os*	o	*une femme*	emme	*une caraſe*	af
une roue	e	*un boſſu*	u	*une pipe*	ip	*une cage*	age

Sons finals qui répondent aux fig. de la 1ere Planche.

a	é	e
i	o	u
une	emme	ip
aiſe	af	age

Premiere répétition des ſons précédens.

af	o	ip
aiſe	i	emme
e	une	age
é	a	u

Seconde

Seconde répétition.

age	u	o
af	aiſe	i
e	ip	emme
é	a	une

Troiſiéme répétition.

une	emme	i
a	ip	aiſe
é	age	e
u	af	o

Quatriéme répétition.

une	ip	e	emme	i	aiſe
a	age	o	é	u	af

Sons finals qui répondent aux fig. de la 2e Planche.

EXPLICATION DES FIGURES
DE LA SECONDE PLANCHE.

un balai . . .	ai	*un ſauteuil* .	euil	*une fleur* . .	eur	*une robe* . , . . .	ob
le ſoleil . . .	eil	*un verre*	er	*des raves* . .	av	*de la dentelle* . , .	el
un ſerpent .	en	*une glace* . . .	ace	*de la ſalade* .	ad	*un ruban*	an

Sons finals qui répondent aux fig. de la 2e Planche.

ai	eil	en
euil	er	ace
eur	av	ad
ob	el	an

Premiere répétition des ſons précédens.

av	ace	eil	euil	ob	ad
er	ai	eur	el	an	en

Seconde répétition.

en	ad	ob	an	el	euil
eil	eur	ai	ace	av	er

Troiſiéme répétition.

eil	en	ad	eur	ai	ob
an	ace	av	el	euil	er

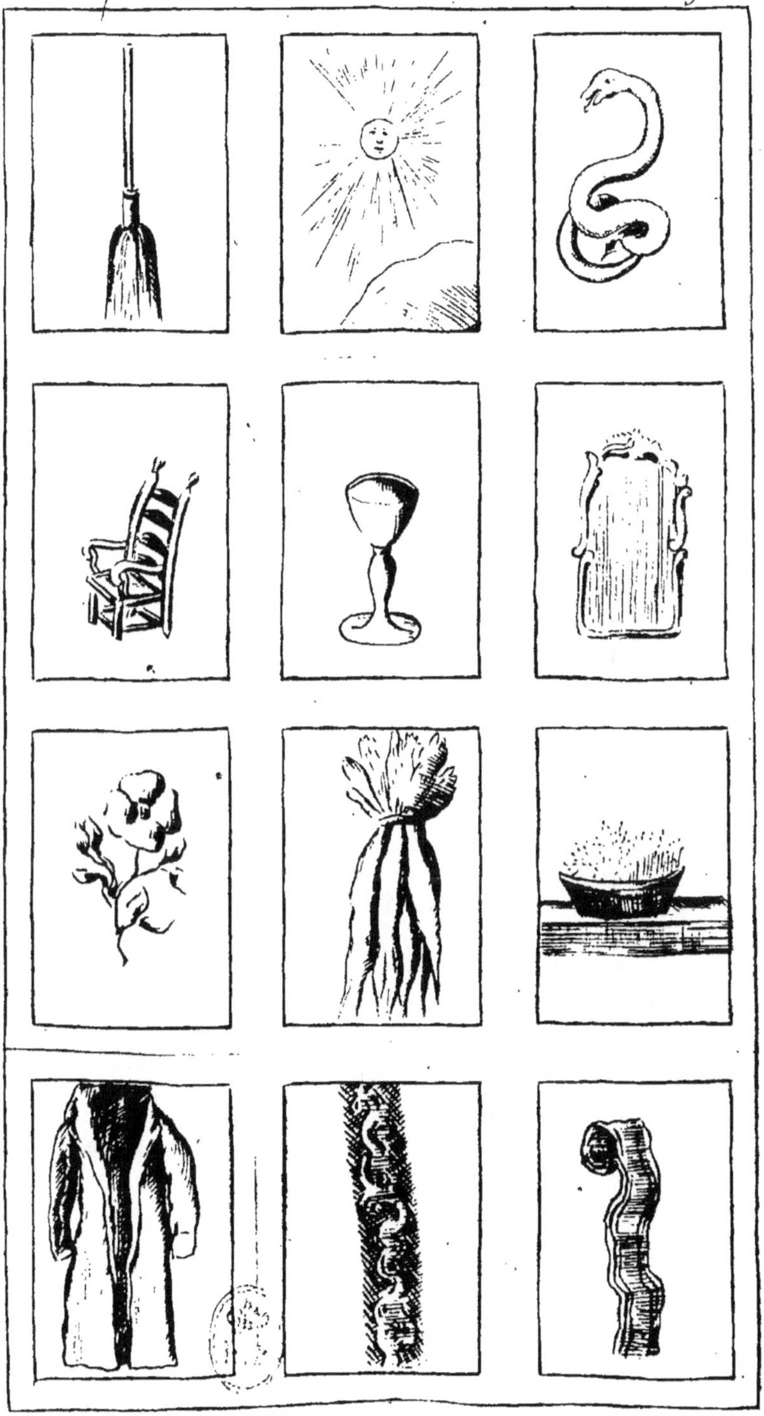

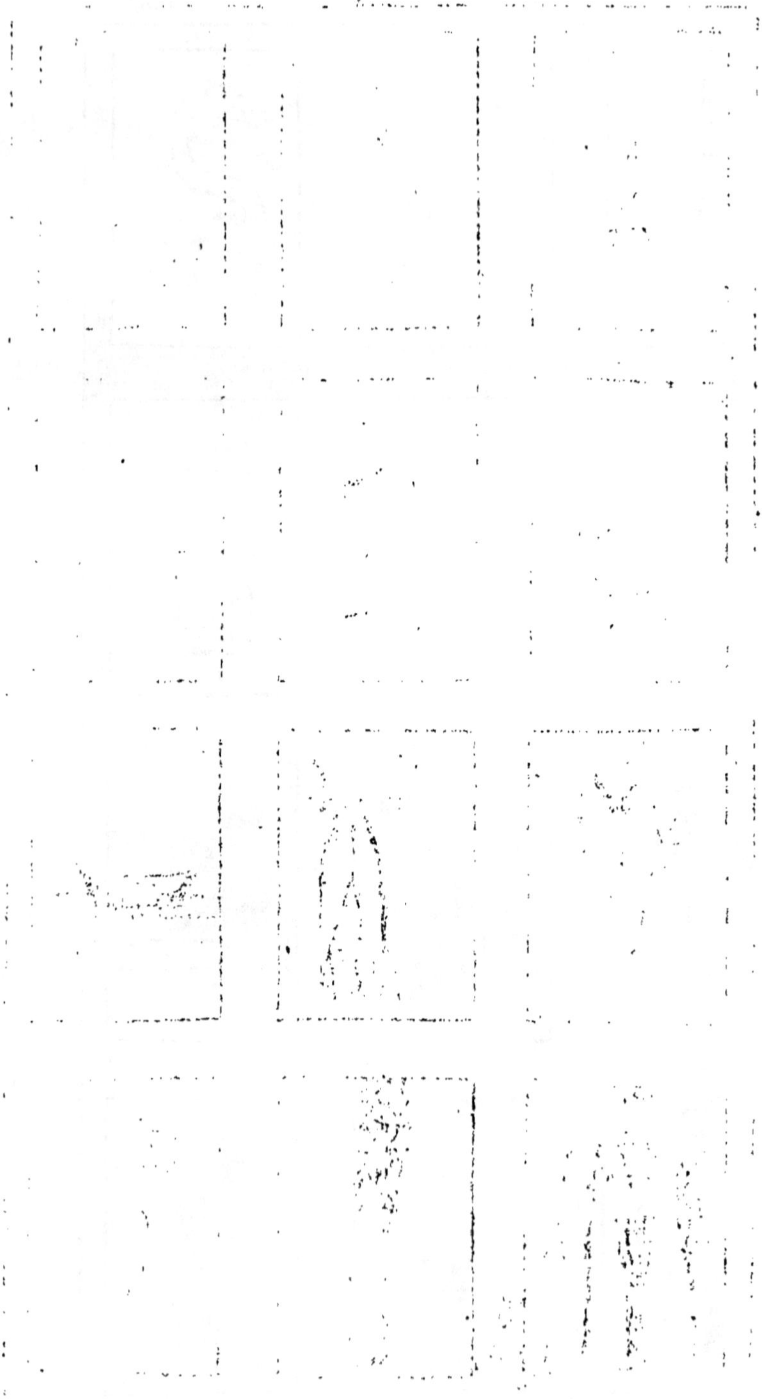

Sons des Premiere & Seconde Planches mêlés enſemble.

Premiere répétition.

u	age	ace	an	af	el
o	aiſe	ob	euil	i	ip
en	e	emme	av	eil	é
une	eur	ai	a	er	ad

Seconde répétition.

el	ip	é	ad	er	eil
i	af	an	euil	av	a
ai	emme	ob	ace	age	aiſe
e	eur	u	o	en	une

Troiſiéme répétition.

eil	a	aiſe	une	en	age
av	er	ad	euil	ace	o
u	ob	an	é	ip	af
emme	eur	e	ai	i	el

EXPLICATION DES FIGURES

DE LA TROISIEME PLANCHE.

des noix . . oi	*un mouton* . on	*une abbesse* . . . es	*une fourchette* . . ette
un loup . . ou	*un poing* . . oin	*une chienne* . enne	*une bague* . . . . ag
un raisin . . in	*un fouet* . ouet	*des cheveux* . . . eu	*un bec* . . . . . . ec

Sons finals qui répondent aux fig. de la 3e Planche.

oi	ou	in
on	oin	ouet
es	enne	eu
ette	ag	ec

Premiere répétition des sons précédens.

ette	enne	ouet	ec	ag	eu
on	oi	ou	es	oin	in

Seconde répétition.

on	ette	enne	oi	es	ec
ouet	in	eu	oin	ag	ou

Troisiéme répétition.

ou	ec	oin	oi	in	ette
on	ouet	eu	enne	ag	es

Sons des trois premieres Planches mêlés enſemble.

Premiere répétition.

ec	an	age	ouet	ace	u
ag	el	af	o	er	oin
i	ob	ette	aiſe	euil	on
eu	en	e	in	ad	ip
é	eil	ou	emme	av	enne
a	ai	es	une	oi	eur

Seconde répétition.

enne	on	u	oi	ad	er
emme	aiſe	ouet	es	e	af
eil	ob	an	a	eu	ag
eur	ip	oin	av	euil	ace
une	in	o	ou	ette	age
ai	en	el	é	i	ec

Sons finals qui répondent aux fig. de la 4e Planche.

EXPLICATION DES FIGURES
DE LA QUATRIEME PLANCHE.

un étui .. ui	*des yeux* .... yeu	*un louis* .... oui	*un éventail* ... ail
un chien . ien	*des jambes* . ambe	*une main* ... ain	*un savetier* ... ier
un ..... un	*un ange* ... ange	*un chapeau* .. eau	*un canard* ... ar

Sons finals qui répondent aux fig. de la 4e Planche.

ui	ien	un
yeu	ambe	ange
oui	ain	eau
ail	ier	ar

Premiere répétition des sons précédens.

oui	ui	ier	ambe	eau	un
ail	yeu	ain	ien	ar	ange

Seconde répétition.

ambe	ail	ange	ier	ui	ien
ar	eau	ain	oui	un	yeu

Troisieme répétition.

yeu	oui	eau	ambe	ange	ui
ar	ain	un	ien	ier	ail

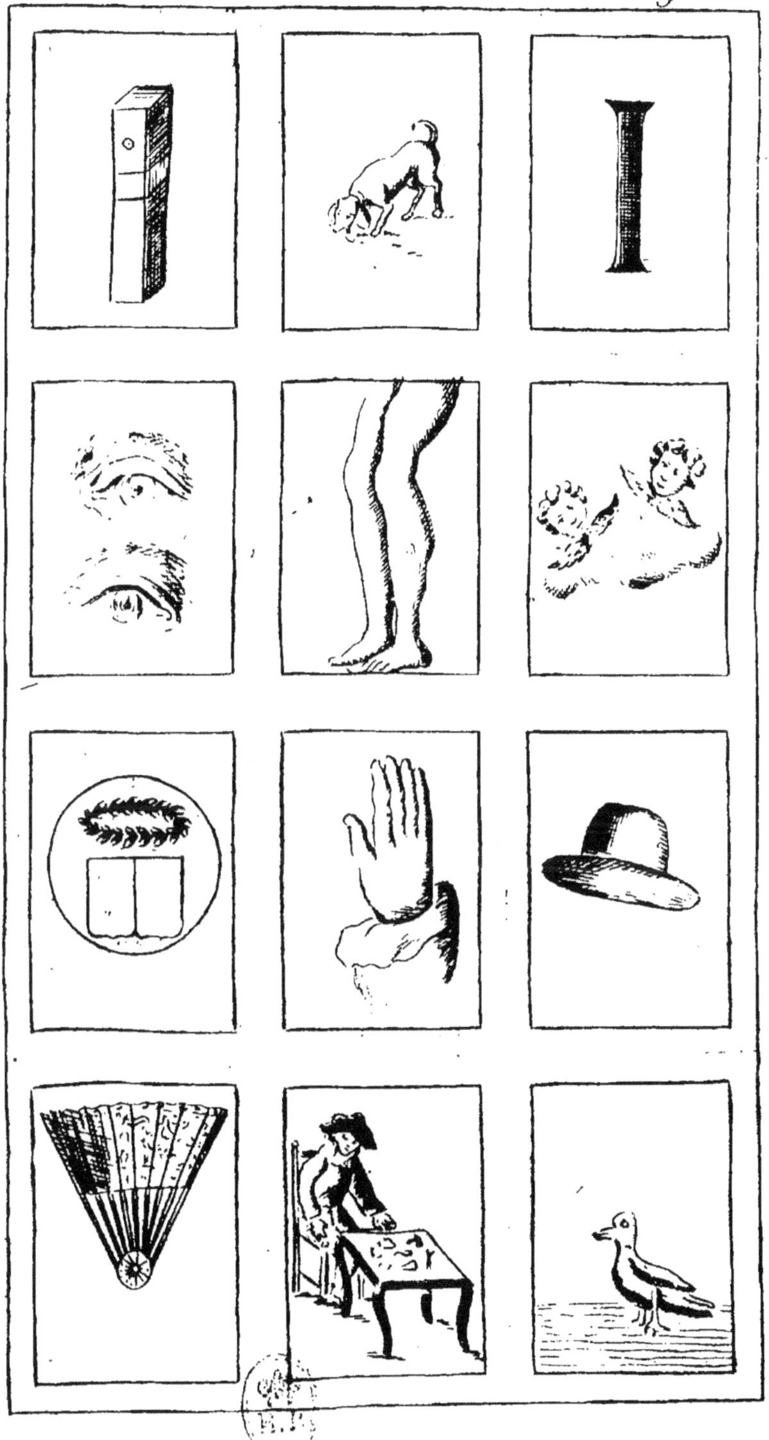

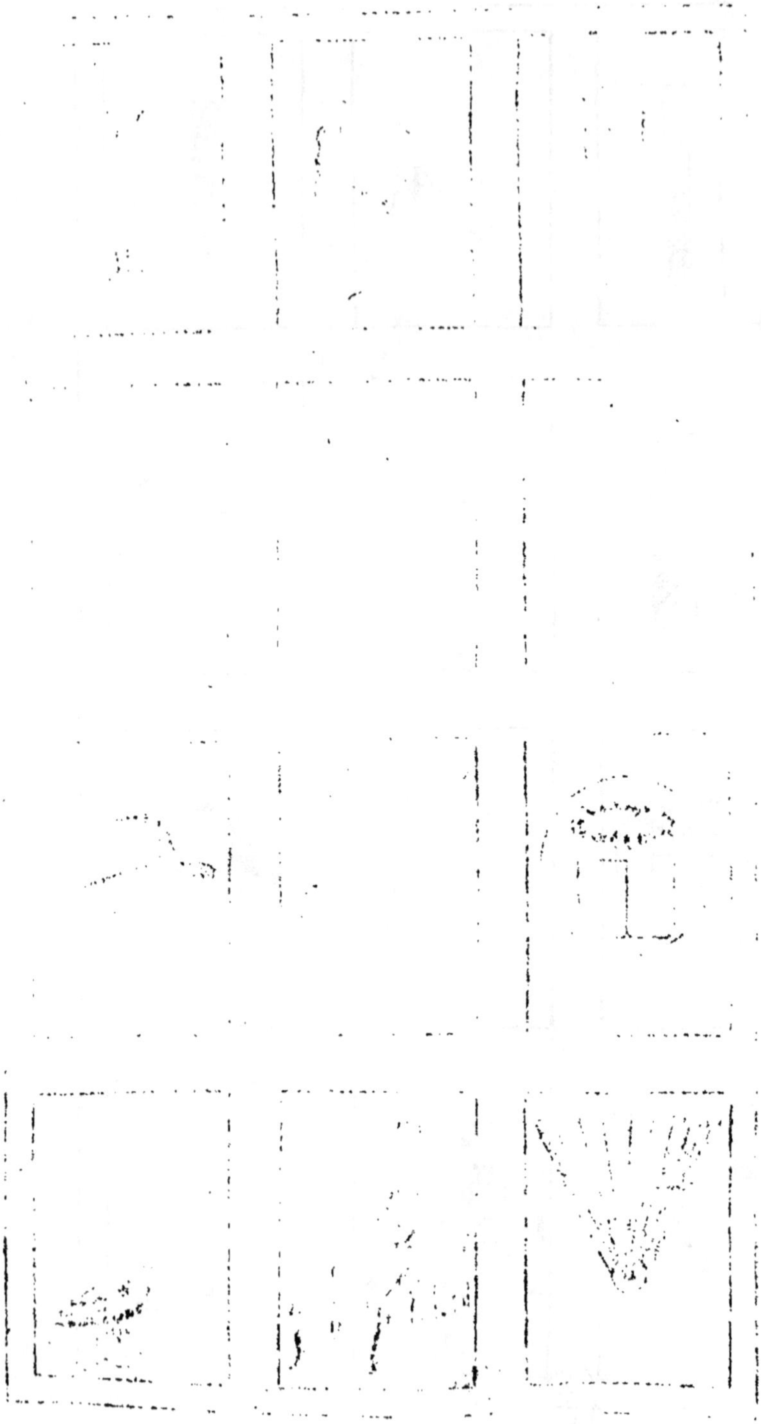

Sons des quatre premieres Planches mêlés ensemble.

Premiere répétition.

ange	ouet	ace	u	ier	ag
el	af	yeu	on	euil	i
eau	eu	ad	ip	ien	ou
eil	é	oui	es	eur	une
ec	ar	an	age	o	er
oin	ambe	aiſe	ob	ette	ail
e	en	in	un	emme	av
enne	ain	a	ai	oi	ui

Seconde répétition.

enne	e	oin	ec	eil	eau
el	ange	ain	en	ambe	ar
é	eu	af	ouet	a	in
aiſe	an	oui	ad	yeu	ace
ai	un	ob	age	es	ip
on	u	oi	emme	ette	o
eur	ien	euil	ier	ui	av
ag	i	ou	une	er	ail

Consonnes qui répondent aux fig. de la 5e Planche.

EXPLICATION DES FIGURES
DE LA CINQUIEME PLANCHE.

une cave . . v	*des griffes* . . f	*une chaîne* . . n	*une poire* . . . . r
une porte . t	*une mouche* . ch	*une barbe* . . b	*une plume* . . . . . m
une boule . . l	*une langue* . gu	*une bourse* . . ſ	*des pantoufles* . . . . . fl

Consonnes qui répondent aux fig. de la 5e Planche.

v	t	l
f	ch	gu
n	b	ſ
r	m	fl

Premiere répétition des Consonnes précédentes.

f	r	t	b	gu	fl
v	n	ch	m	l	ſ

Seconde répétition.

ſ	fl	m	b	n	r
v	ch	f	t	gu	l

Troisieme répétition.

l	b	f	ſ	v	fl
m	gu	r	n	ch	t

Sons

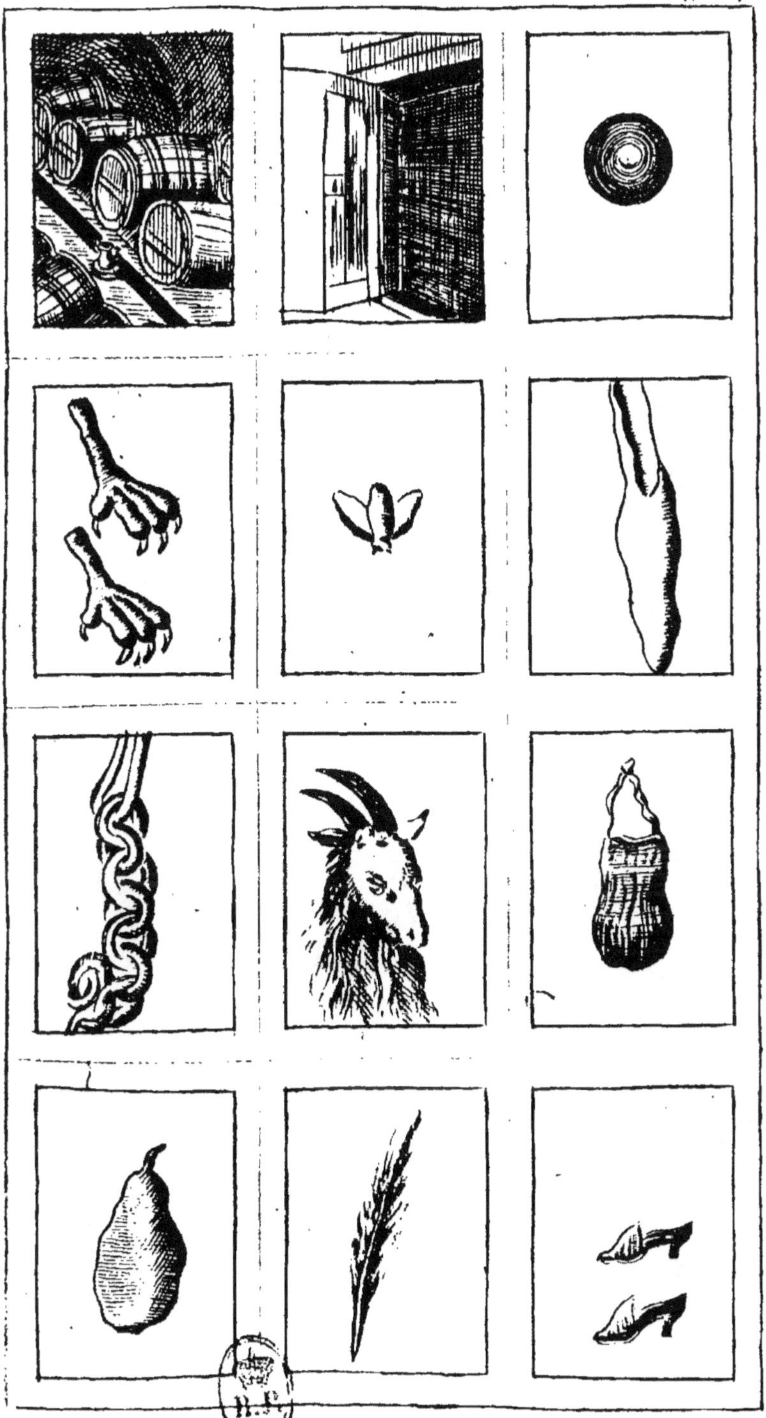

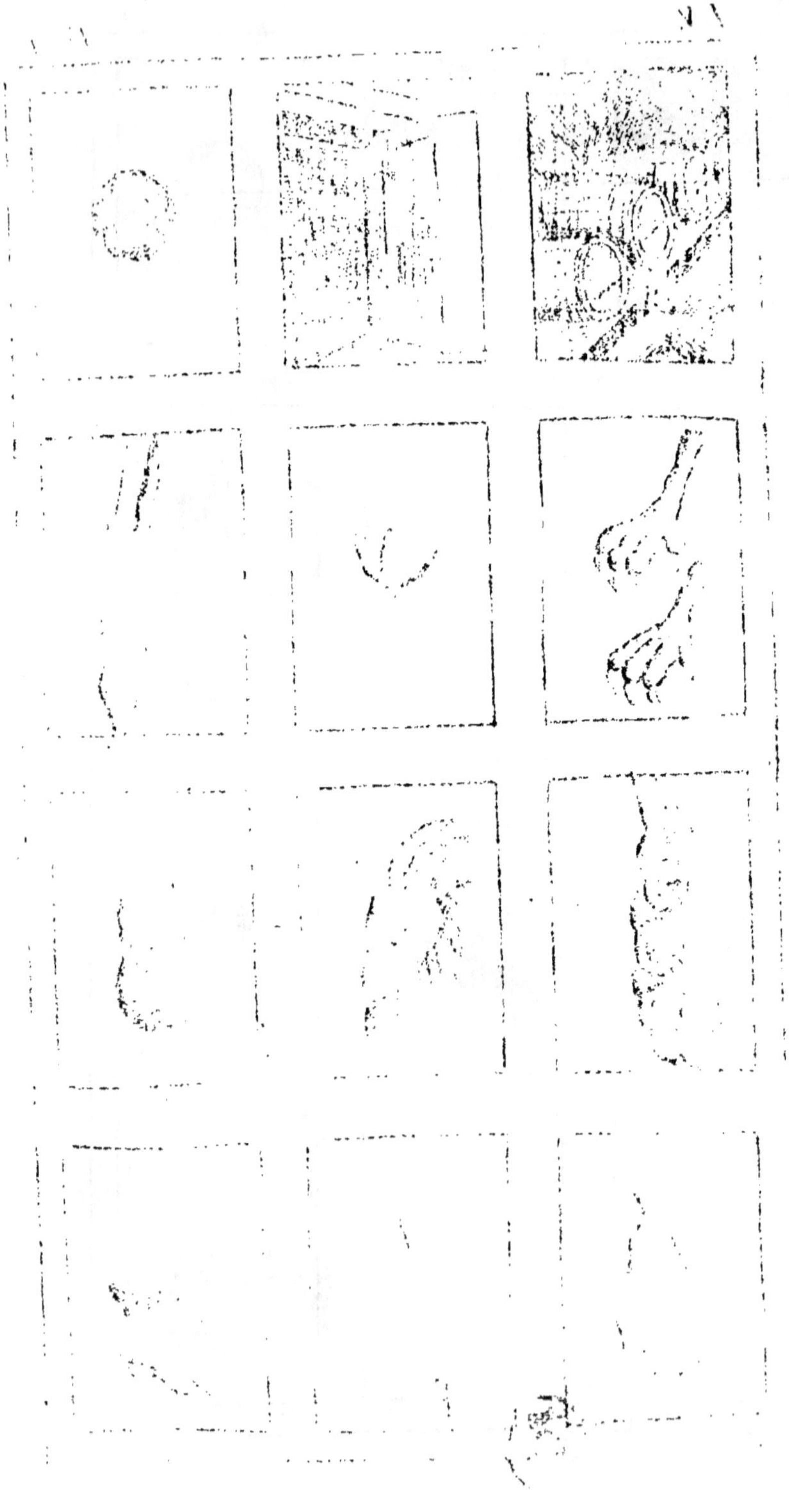

Sons des cinq premieres Planches mêlés ensemble.

a	ai	oi	ui	v	é
eil	ou	ien	t	e	en
in	un	l	i	euil	on
yeu	f	o	er	oin	ambe
ch	u	ace	ouet	ange	gu
age	an	ec	ar	fl	af
el	ag	ier	m	aiſe	ob
ette	ail	r	ip	ad	eu
eau	ſ	emme	av	enne	ain
b	une	eur	es	oui	n

Consonnes qui répondent aux fig. de la 6e Planche.

EXPLICATION DES FIGURES
DE LA SIXIEME PLANCHE.

une perruque. qu	de la soupe . p	des épingles . . gl	une campagne . . . gn
une table. . . bl	une orange . . j	une corde . . . . d	un négre . . . . . gr
des cerises . . . z	une boucle . . cl	du sucre . . . cr	un masque . . . . squ

Consonnes qui répondent aux fig. de la 6e Planche.

qu	bl	z
p	j	cl
gl	d	cr
gn	gr	squ

Premiere répétition des Consonnes précédentes.

gn	gl	p	qu	gr	d
j	bl	squ	cr	cl	z

Seconde répétition.

z	cr	gr	bl	cl	gl
p	qu	j	gn	squ	d

Troisieme répétition.

z	qu	gr	gn	cl	d
cr	j	bl	squ	gl	p

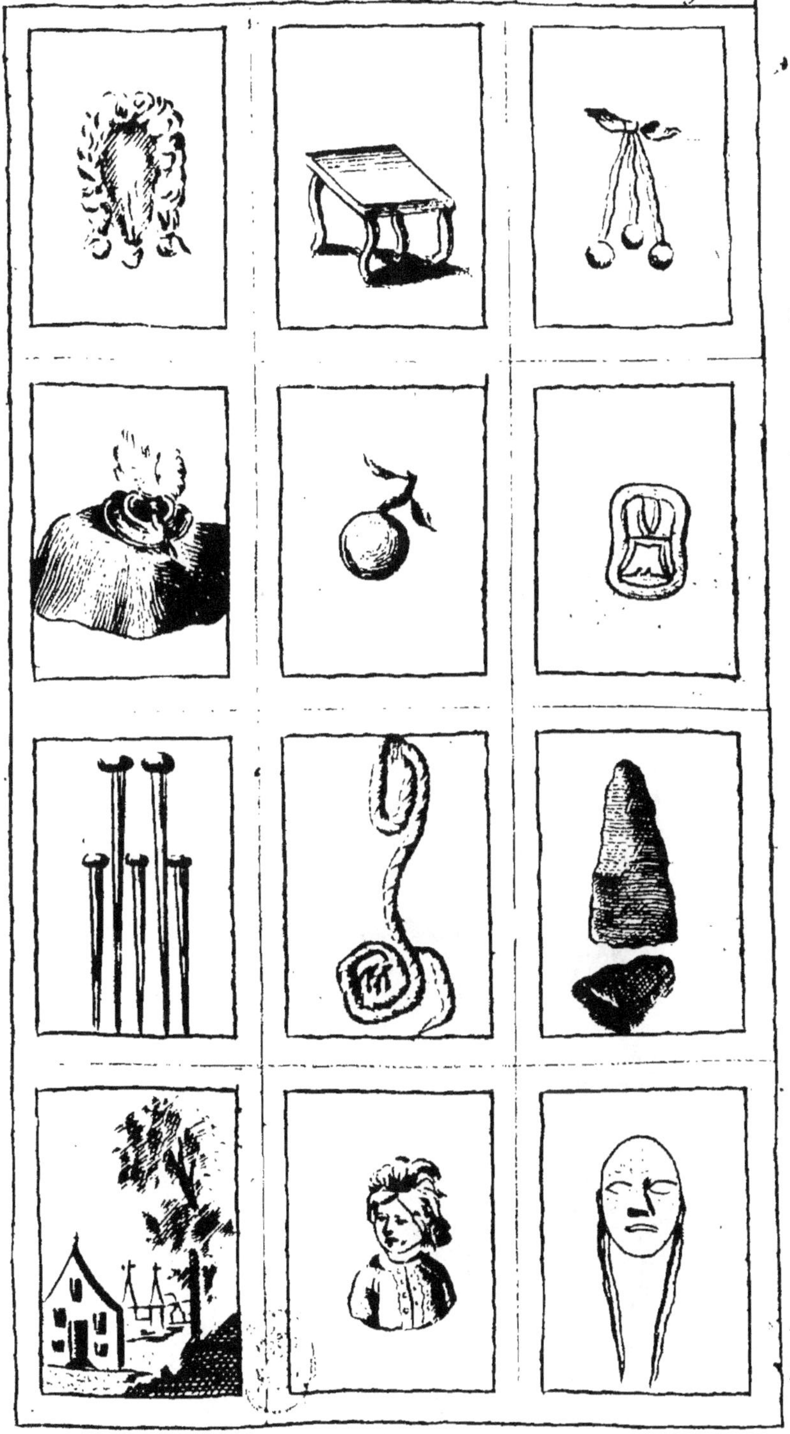

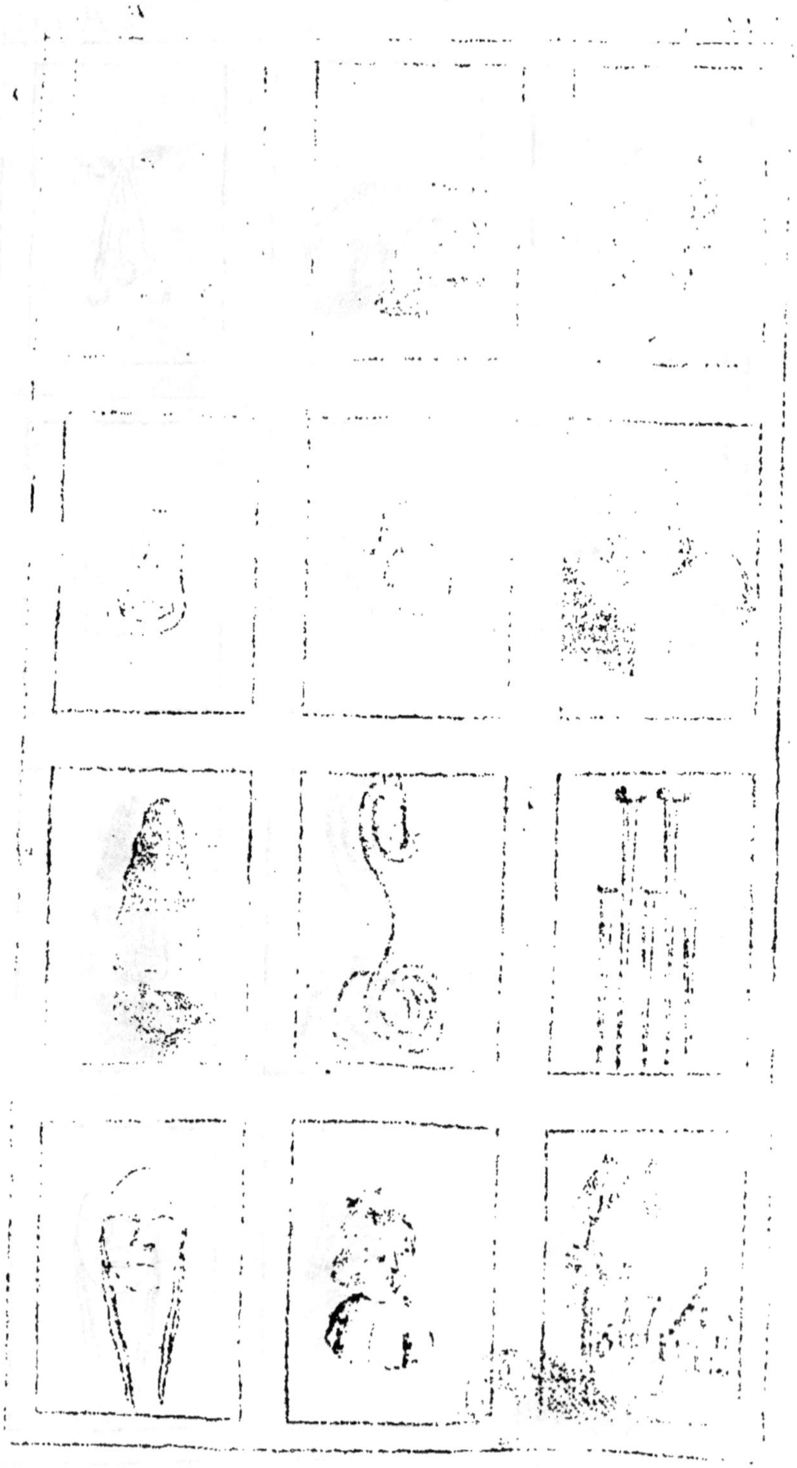

Sons des cinquiéme & sixiéme Planches mêlés ensemble.

Premiere répétition.

n	gl	b	d	ſ	cr
r	gn	m	ſqu	fl	gr
v	qu	t	bl	l	z
ſ	p	ch	j	gu	cl

Seconde répétition.

b	d	l	m	n	p
j	f	t	r	v	z
ch	cl	cr	fl	gl	gn
gu	qu	ſqu	gr	bl	ſ

EXPLICATION DES FIGURES
DE LA SEPTIEME PLANCHE.

une éclipſe	ps	*une montre*	tr	*un arbre*	br	*un luſtre*	ſtr
des feuilles	ill	*un coffre*	fr	*un buſte*	ſt	*une ſphére*	ſph
la foudre	dr	*un livre*	vr	*des inſectes*	ct	*des petits enfans*	pt

Conſonnes qui répondent aux fig. de la 7e Planche.

ps	ill	dr
tr	fr	vr
br	ſt	ct
ſtr	ſph	pt

Premiere répétition des Conſonnes précédentes.

tr	ſtr	ill	ſt	vr	pt
ps	br	fr	ſph	dr	ct

Seconde répétition.

br	tr	dr	fr	vr	ſtr
ill	ps	ſph	ct	pt	ſt

Troiſiéme répétition.

ſt	ſtr	pt	vr	ct	fr
ſph	dr	ps	tr	ill	br

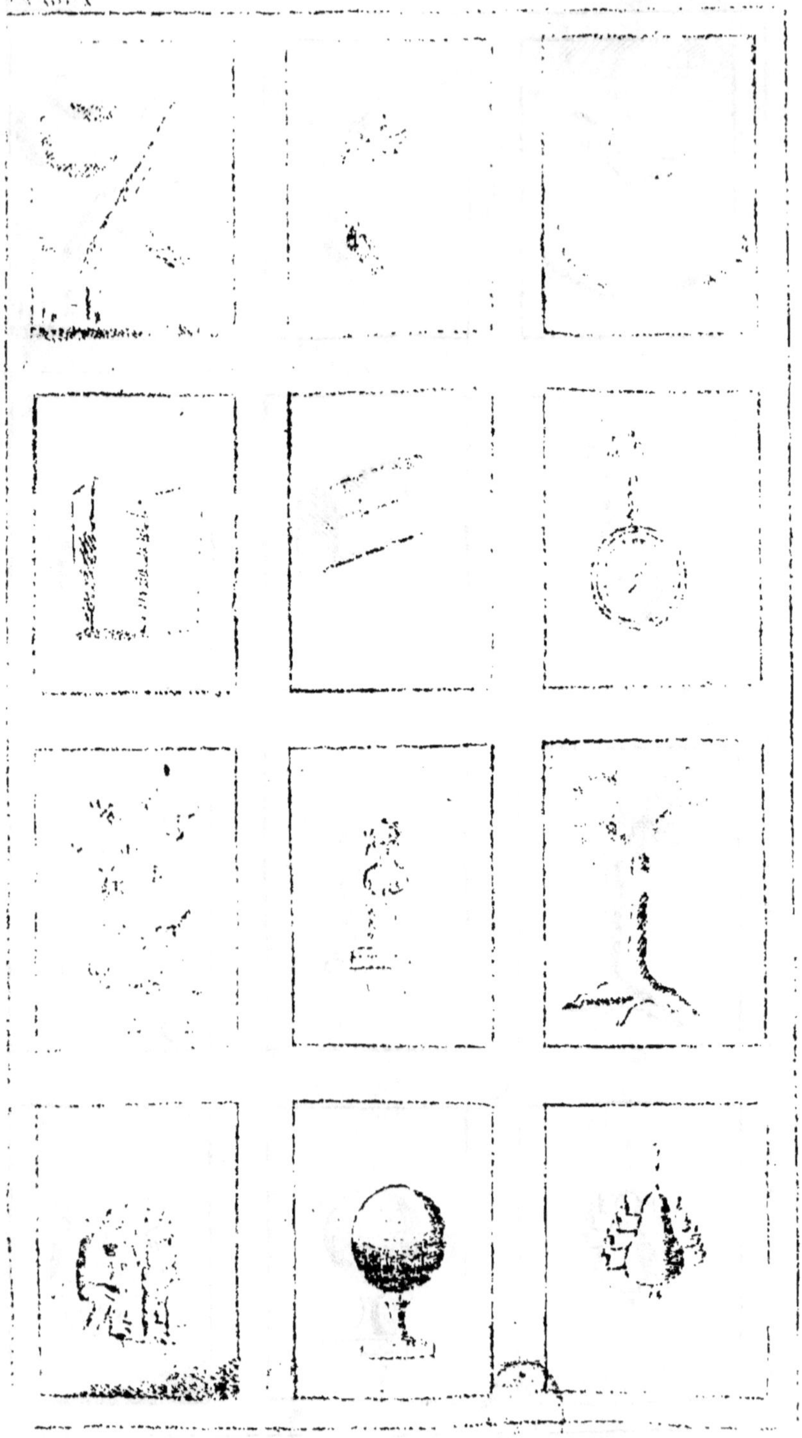

Sons des 5e, 6e, & 7e Planches mêlés enſemble.

Premiere répétition.

v	qu	ps	t	bl	ill
l	z	dr	f	p	tr
ch	j	fr	gu	cl	vr
n	gl	br	b	d	ſt
ſ	cr	ct	r	gn	pt
fl	gr	ſph	m	ſqu	ſtr

Seconde répétition.

b	bl	br	ch	cl	cr
ct	d	dr	f	fl	fr
gu	gl	gn	gr	j	l
ill	m	n	p	ps	pt
qu	ſqu	r	ſ	ſt	ſtr
t	tr	v	ſph	vr	z

Sons des ſept premieres Planches mêlés enſemble.

a ai oi ui v qu ps une eur es oui n gl br e en in un l z dr ip ad eu eau ſ cr ct o er oin ambe ch j fr af el ag ier m ſqu ſtr é eil ou ien t bl ill emme av enne ain b d ſt i euil on yeu f p tr aiſe ob ette ail r gn pt u ace ſph age vr an gr ouet cl ec ſl ange gu ar.

Second ordre.

ſl ace tr ou b. af cr un eur une in ſ fr eil ain p u ec cl pt f enne é j eau en ps qu e eu ch ſtr av yeu gn ouet gr r on emme ſqu ambe ad br v ui gl ip oin m ill euil ail an ar vr ette i bl ier er dr n oi ai oui z o ag t ſt ob age gu ange ſph aiſe d ien el ct l es a.

TABLE

De Syllabes,

Où se trouvent répétés tous les sons des sept premieres Planches.

v W ve V VE

va vé ve vi vo vu vune vemme vip
vaise vaf vage vai veil ven veuil ver
vace veau veur vav vad vob vel van
voi vou vin von voin vouet ves venne
veu vette vag vec vui vien vun vyeu
vambe vange voui vain vai vier var.

t tt te T TE

tar tier tail tain toui tange tambe tyeu tun
tien tui tec tag tette teu tenne tes touet
toin ton tin tou toi tan tel tob tad tav
teur tace ter teuil ten teil tai tage taf taise
tip teau temme tune tu to ti te té ta.

l ll le L LE

la laise leur loin lien lail lé laf lav louet
lun lier le lage lad les lyeu lar li lai lob
lenne lambe lo leil lel leu lange lu len lan
lette lune leuil loi lag loui lemme ler lou
lec lain lip lace lin lui lon leau.

ſ ſſ ſe F FE

ſu ſage ſace ſan ſouet ſec ſange ſar ſo ſaſ ſer ſel ſoin ſag ſambe ſier ſi ſaiſe ſeuil ſob ſon ſette ſyeu ſail ſe ſip ſen ſad ſin ſeu ſun ſé ſemme ſeil ſav ſou ſenne ſien ſain ſa ſune ſai ſeur ſoi ſes ſoui ſeau.

ch che CH CHE

chu chel chyeu cheil ches chage choin chail chav chui chace chag che chou choui chan chambe chip chenne chouet chier chen chien chec chi chad chain change chaïſe chin cha char cheuil cheu chune cho chob chun chai chaſ chon ché cheur cher chette chemme choi cheau.

gu gue GU GUE

guon gua guier guace guu guel guag guen guar gué guyeu gue guien gueuil guou guec gueu guer gues guoui gui guune guette guage guan guad guo guemme guoin guambe guain guob guail guip guange guun guav guenne guaiſe guai guui guouet guin guaſ gueau.

n nn ne N NE

nes neil nyeu nel nu nui nav nail noin nage noui nou ne nag nace nenne nip nambe nan nien nen nier nouet nain nad

ni

ni nec na nin naise nange nune neu neuil nar nai nun nob no neur nè non naf noi nemme nette ner neau.

b bb be B BE

bar bange bec bouet ban bace bage bu bier bag bambe boin bel ber, baf bo bi baise beuil bob bon bette byeu bail bun beu bin bad ben bip be bain bien benne bou bav beil bemme bé ba bune bai beau boi bes bui boui beur.

ſ ſſ ſe S SE

ſune ſe ſon ſambe ſar ſange ſoin ſette ſain ſai ſeau ſec ſel ſyeu ſien ſeur ſoi ſenne ſail ſer ſouet ſan ſaf ſun ſou ſes ſui ſav ſeu ſo ſace ſage ſi ſin ſeil ſoui ſu ſaiſe ſad ſemme ſé ſen ſeuil ſier ſag ſob ſip ſa.

r rr re R RE

ren rage ran rec rune re rel raf ri reuil rier rin run ryeu ron rambe rien rou reil rag rob roui res reur rar range roi rui ru rip ra raiſe rav renne roin rette rail reu rad remme ro rer rain rui rouet race ré reau.

m mm me M ME

mouet menne mes min men mage mun meur moin mace mé mette mar myeu man mec mon mange mail mambe mune

D

moi meu mad mui mien me mel memme mou mu mo mip meil maf mi mag maise ma mer main mob meuil mier moui mui mav meau.

fl fle FL FLE

fla flip flob flag flier fleuil flen flé flemme flad flaise flu flage fli flin fleil floui flace flo fleu flav flui fles flou flun flaf flan floi flenne flail fler flouet flec flel flyeu flien fleur flai flain flette floin flange flar flon fle flune flambe fleau.

qu que QU QUE

quoin quer quav quaise que quange quouet quui quu quip quar quec ques quage quob quon quel quou qui quag que quyeu quun quin quier quune quien quaf queuil quambe queur quan quoui quen queau quai quoi quace qué quain quenne quo quemme quette quail queu quad.

bl ble BL BLE

blain blambe blé blar bloin bler blec blyeu bleur blenne blo blan blun bles blav blaise blage blin bloui blemme blette blen blier blod ble blange blon blune bleau blail bleu blai blien blel blouet blui blou blaf bloi blad blace bleil bli blu blip blag bleuil blé.

z zz ze Z ZE

zace zeu zette zo zain zambe zan zen zai zeil zi zien zier zun ze zar zes zob zel zu zip zouet zé zav zoin zer zaise zange zui zag zeuil zou zon zage zec zyeu zin zune zaf zé zoi zeau zoui zeur zenne zail zad zemme.

p pp pe P PE

pune pa pemme pé pip pe paise pi paf po page pu pai peur peil pav pen pad pob peuil pel per pace pan poi pes peu pin pette pon poin pag pouet pec poui penne pui pain pien peau pun pyeu pail pambe pier pange par pou.

j ge J JÉ GE

jace jec jier ju june jan jai ja joui jange jar jenne joi jeur jemme jé jeil jes jui jain jeu jav jip jien jin jen jaise je jad jette jeau jun jon job ji jeuil jaf jo jel jag jail jambe jouet jer jage join jyeu jou.

çl clé CL ÇLE

claf clin cloi clace clec cleur clén clo clel

claiſe clemme clier clu clé cle clag clail
clad cleil clune clan clambe cles clette
clai clui cleau clouet cler clun clain clage
cla clon cleu cloui clange clav clob cloin
clyeu cli clip clar clenne clien cleuil clou.

gl gle GL GLE

glou gleuil glien glenne glon gleu gloui
glange glav glob glouet glail gleur glec
glag gleau glaçe gle glui glai glé glain
gloi glage gler glin glu glette glaf glier
gles gloin glad glen glo gleil glun glyeu
gli glune glel glaiſe glan glip glar gla
glambe glemme.

d dd de D DE

dage do daf di daiſe de dip dé demme
da dune du der del deuil dob dad den
dav deil deur dai douet dag doin dette
din deu des doi dan dace dambe dail
dyeu dun deau dien dain dui denne doui
dange dec dou dar dier.

cr cre CR CRE

creç crambe crouet cru crage crou crail
crag crer cro crar cryeu croin crel craf
crier crun cron cri creuil creau crette crob

craiſe crien crin crad cre crain creu cren crip crui cres crav cré crenne croi creil cremme croui cran creur cra crange crace crai crune.

gn gne GN GNE

gnoui gnen gneau gnar gnec gnan gnip gnette gnambe gnyeu gneur gnui gnob gnoin gnouet gna gnes gnaiſe gnel gnu gnange gnav gnien gnaf gnage gnace gné gnin gnier gnou gnai gnenne gnad gnun gnail gnune gnoi gne gnon gnag gneil gnain gni gner gnemme gneu gno gneuil.

ſqu ſque SQU SQUE

ſqueu ſquoi ſquin ſquel ſquyeu ſquoi ſquo ſque ſquier ſquu ſqueur ſquen ſqueuil ſquon ſquou ſquange ſquui ſqueau ſquag ſquai ſquav ſquob ſquar ſqueil ſquenne ſquien ſquoin ſquet ſquain ſquad ſquaf ſquouet ſquan ſqui ſquun ſquage ſqua ſquip ſquer ſquail ſquace ſques ſquette ſquemme ſqué ſquune ſquaiſe ſquambe.

gr gre GR GRE

grage graf graiſe grip gremme grune gran grel grob grad grav greur grec grag grette greu grenne gres grar grier grail greau

grain groui gru gro gri gré gra grace
grer greuil gren greil grai grouet groin
gron grin grou groi grange grambe gryeu
grun grien grui.

pſ pſe PS PSE

pſou pſage pſail pſav pſace pſoi pſer pſeau
pſeur pſaf pſange pſeuil pſain pſec pſaiſe
pſambe pſen pſoui pſag pſip pſyeu pſeil pſu
pſette pſemme pſun pſai pſo pſune pſien pſeu
pſouet pſi pſenne pſan pſui pſoin pſe pſes
pſel pſon pſé pſar pſob pſin pſa pſier pſad.

ill ille ILL ILLE

illon illéen illyeu illange illou illage illeuil
illeil illé illouet illar illi illu illain illail
illav illec illette illenne illob illin illan
illemme illaiſe illace illoi illambe illun illui
illa illier illoin illai illen iller illeau illeur
illag illeu illes illel illune illip illaf illoui
illo ille illad.

dr dre DR DRE

dro dreur drun drenne drouet dron dre
drag drui drob drar drien drin drieu
dri dra dreu drad drange dru dran dres
drier drel droin dremme drain drou drage

drail draise drai drip drune dren drace dreuil drav dreil drec droi drer draf dré droui dreau drambe drette.

tr tre TR TRE

trad trier tra trin trob trar tré tron trel tres tre troin trui tran trenne tri trouet trien trune treu tro trai trun tremme trette tru treil tryeu trip trag troui tren trambe traise trec train treuil troi trange trer treau treur traf trage trav trail trace trou.

fr ffr fre ffre FR FRE

frav fraise frun froin frad frier frui fremme frec frail fra fran frette frain frace frou freuil frenne fru frin frob fri freil froi frar frouet fryeu frange fré frien frip frer freau frag frune fron frel freu froui freur frap fren fro fres fre frai frage frambe.

vr vre VR VRE

vrail vrec vremme vrul vrier vrad vroin vrun vraise vrav vrin vru vrenne vreuil vrou vrace vrain vrette vran vra vrien vré vrange vryeu vrouet vrar vroi vreil vri vrob vreur vroui vreu vrel vron vrune vrag vreau vrer vrip vrambe vrage vrai vre vres vro vren vraſ.

br bre BR BRE

brambe breur brien brin brail brec bru bré broui brage brai breu brange brenne brui bremme bre brel bryeu breuil brier brou brouet bron bres bro brune brar brace brad broin brain broi brag bren braf breau breil brette brun braiſe bran bri brer brip brob brav bra.

ſt ſte ST STE

ſtar ſtier ſtail ſteau ſtain ſtoui ſtange ſtambe ſtyeu ſtun ſtien ſtui ſtes ſteu ſtette ſtenne ſtag ſtec ſtouet ſtoin ſton ſtin ſtou ſtoi ſtan ſtel ſtob ſtad ſtav ſteur ſtace ſter ſteuil ſten ſteil ſtai ſtage ſtaf ſtaiſe ſtip ſtemme ſta ſté ſtune ſte ſti ſto ſtu.

ct cte CT CTE

cti ctage ctad ctouet ctun ctar cto ctaf ctav ctoin ctien ctier ctail ctui cton cteur ctu ctaiſe ctip ctace ctin ctes cteau ctain cteu ctou cter cta cteuil ctemme ctoi ctette ctoui ctange ctan cté cten ctune ctambe cteil ctel ctag ctyeu ctec ctob ctai cte ctenne.

pt pte PT PTE

pteil ptoi ptin ptien pti ptage ptier ptes
ptette ptel ptag ptoui pteau ptail ptad
ptouet ptui ptain ptyeu ptange ptec ptan
pteu pton ptun ptar pteur ptou pté ptob
ptai pten pter ptu pto ptaf ptaiſe pta pte
ptenne ptune pteuil ptip ptav ptoin ptace
ptemme ptambe.

ſtr ſtre STR STRE

ſtryeu ſtrambe ſtrange ſtroui ſtrain ſtreau
ſtrail ſtrier ſtrar ſtrun ſtrien ſtrui ſtres
ſtreu ſtrette ſtrenne ſtrag ſtrec ſtrob ſtrel
ſtran ſtroi ſtrou ſtrin ſtron ſtroin ſtrouet
ſtrai ſtreil ſtren ſtreuil ſtrer ſtrace ſtreur
ſtrav ſtrad ſtre ſtrune ſtré ſtra ſtremme
ſtrip ſtraiſe ſtraf ſtrage ſtru ſtro ſtri.

ſph ſphe SPH SPHE

ſphaiſe ſphad ſpheil ſphoi ſphette ſphier
ſphyeu ſphambe ſphar ſphenne ſphou ſphen
ſphe ſphaf ſphage ſphune ſpheuil ſphin
ſphag ſphun ſphange ſphoui ſphien ſphec
ſphon ſpher ſphé ſphu ſpho ſpha ſphace
ſphoin ſphob ſphui ſphain ſpheau ſphes
ſphel ſphouet ſpheur ſphi ſphemme ſphip
ſphav ſphail ſpheu ſphai ſphan.

E

Répétition des sons précédens qui forment des mots.

veau vain vin toi tu la loin lien lange lune loi lou le lin l'on l'eau face fouet fange fer foin fier feu femme fou foi chou chier chien change chaise nage ne nier nain bec ban bel bail bien son soin sette sain seau sec sel sien soi ses sage si seuil sa rage rien rouet mes mange moi mien ma main fleur flambe fléau qui que quoi blaise blette bleu blé page peur peu pain peau pou j'ai jeu je jambe jouet clé clou glace de dé crier cri crin grec grain grace grange train trou trace fraise frange bru brouet brun braise.

Répétition des Consonnes.

v qu ps t bl ill l z dr f p tr ch j fr gu cl vr n gl br b d st s cr ct r gn pt m squ str fl gr sph.

Seconde répétition.

s j ps cr fr t ct gu bl r cl ill gn vr l pt n z m gl dr squ br f str b p fl dr tr sph gr st v qu ch.

Doubles Consonnes.

mm bb pp ff nn ll w ffl ffr ss rr dd tt.

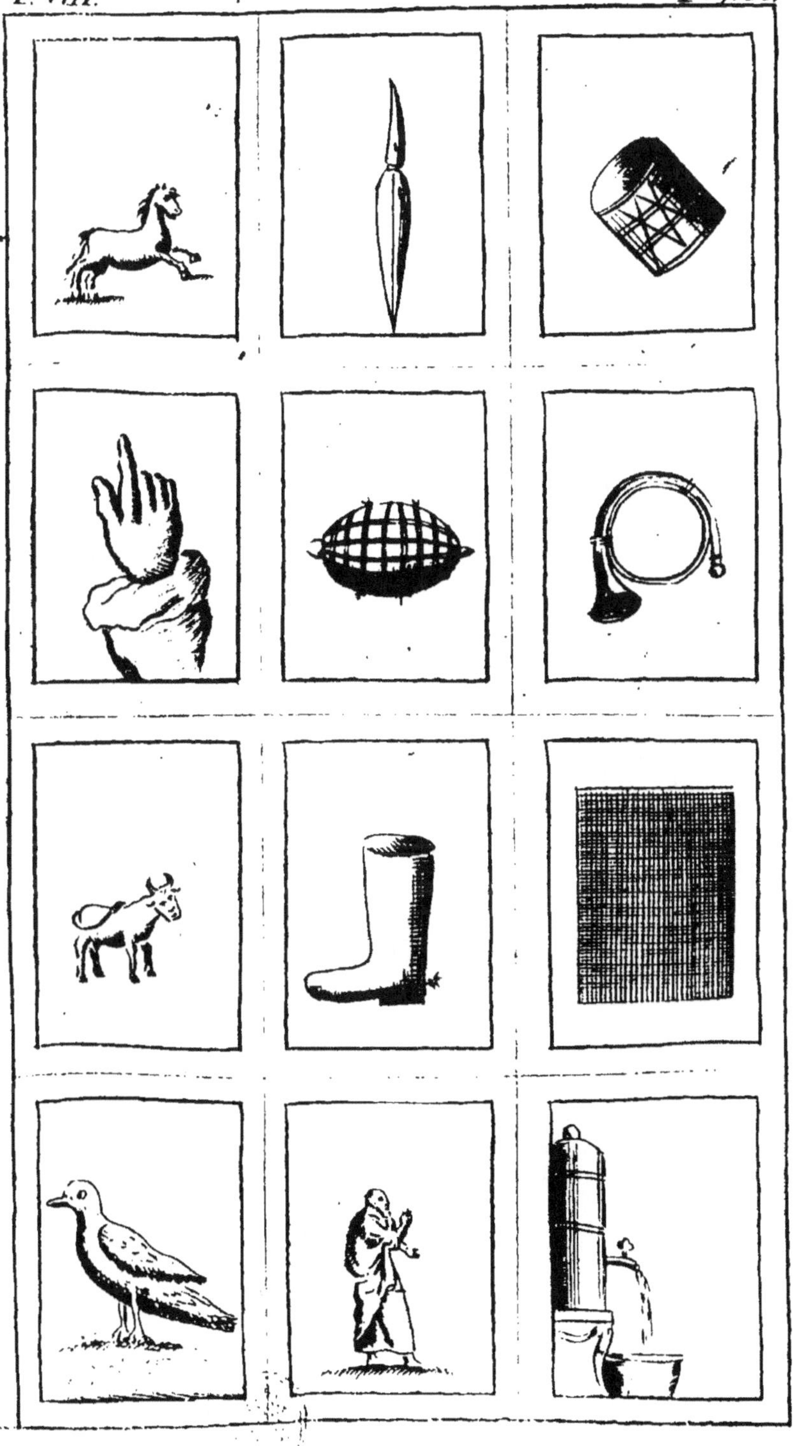

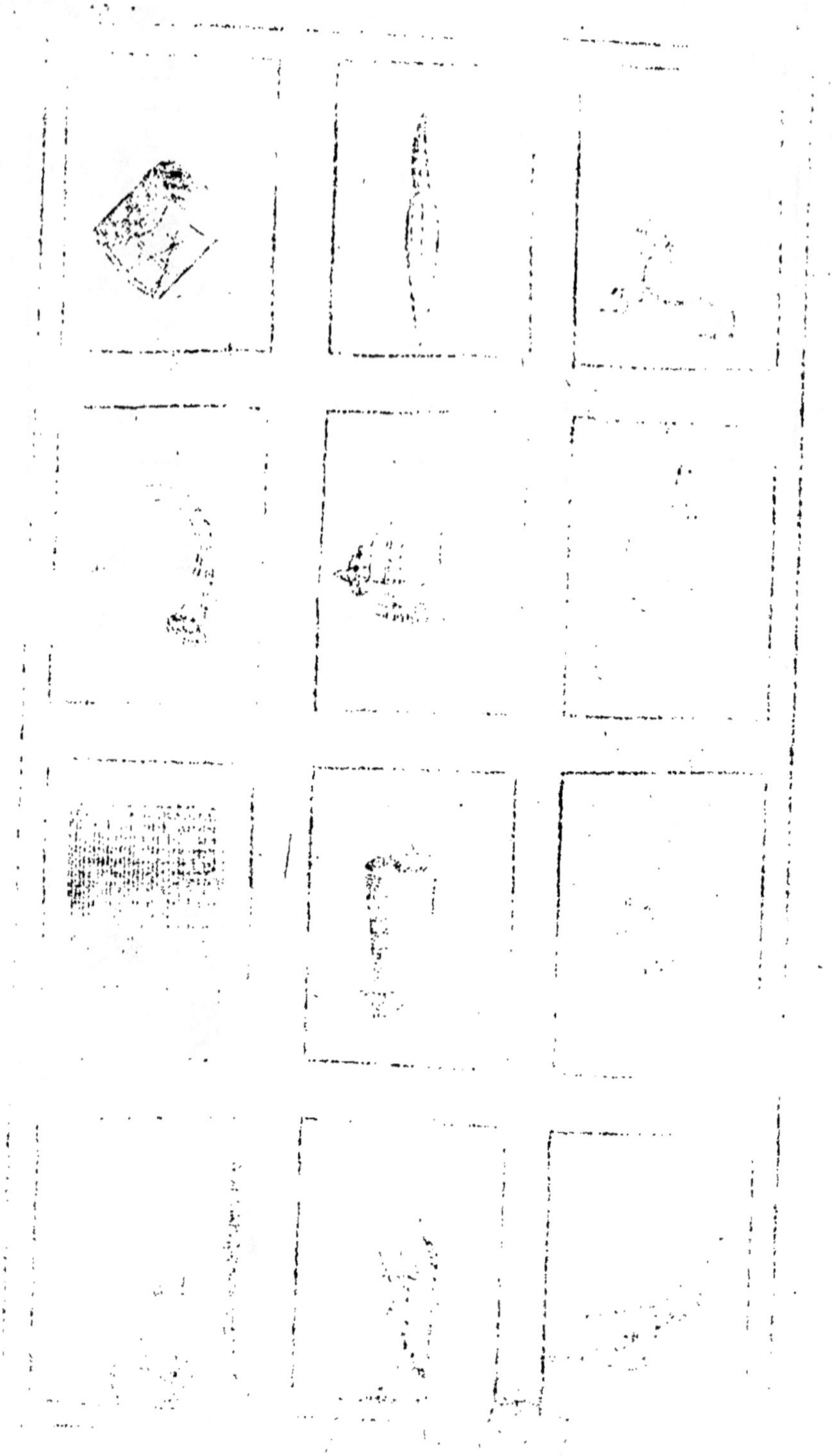

EXPLICATION DES FIGURES
DE LA HUITIÉME PLANCHE.

un cheval . . al	*l'index* . . . . . . ex	*un bœuf* . . œuf	*un geai* . . . . eai
un canif . . . if	*une tortue* : . . . ue	*une botte* . otte	*Saint Paul* . . aul
un tambour . our	*un cor de chasse* . or	*le noir* . . . oir	*une fontaine*. aine

Sons finals qui répondent aux fig. de la 8e Planche.

al	if	our
ex	ue	or
œuf	otte	oir
eai	aul	aine

Premiere répétition.

ex	if	œuf	ue	our	eai
otte	or	aine	aul	al	oir

Seconde répétition.

otte	if	or	œuf	aine	ue
aul	our	al	eai	ex	oir

TABLE DE SYLLABES,

Où ſont répétés tous les ſons des 5e, 6e, 7e, & 8e Planches.

v	vif val vour vex vue vor vœuf votte voir veai vaul vaine.
t	taine tex taul tour teai tal toir tif tœuf tor totte tue.
l	lotte lex lor laine lue laul leai lour loir lal lœuf lif.
f	for fif fœuf fex fal fotte feai faine faul fue foir four.
ch	chal chex chœuf chif chor chour choir chue chaul chaine cheai chotte.
gu	guif guour guor guue guaul guoir guotte guœuf gueai guex gual guaine.
n	notte nœuf neai nex naine nal nor nif noir nour naul nue.
b	bue beai baul bœuf bour botte baine bex boir bif bor bal
ſ	ſal ſaul ſor ſeai ſif ſue ſour ſœuf ſaine ſotte ſoix ſex.
r	raine rœuf rour rue reai rex rif ror roir raul ral rotte.
m	motte mœuf mor mue maine mex maul mour meai mal mif moir.
fl	flif flœuf flal flotte flor floir flaine flue flaul fleai flour flex.

qu quour queai quif qual quœuf quotte quex quoir quor quue quaul quaine.

bl blue bleai blor blour bloir blal blaul blif blaine blex blotte blœuf.

z zeai zour zoir zaul zaine zue zor zal zif zœuf zotte zex.

p potte pour paul pue pal pœuf peai poir pex pif por paine.

j jex joir jeai jœuf jal jue jaul jaine jor jour jif jotte.

cl clotte cleai clal claul clor claine clue clœuf clif clour cloir clex.

gl glif glœuf glue glaine glor glaul glex glal gloir gleai glour glotte.

d due dour dœuf dotte deai dif doir dal dex daul dor daine.

cr cror crour crex cral croir crif creai crotte craine crœuf craul crue.

gn gnal gnex gnor gnotte gneai gnaine gnif gnour gnue gnœuf gnoir gnaul.

ſqu ſquour ſquex ſquœuf ſquotte ſquaul ſquaine ſquif ſqual ſquue ſquor ſquoir ſqueai.

gr graine greai grotte gror grex gral graul groir grœuf grue grour grif.

pſ pſif pſor pſoir pſaul pſal pſex pſœuf pſaine pſour pſotte pſue pſeai.

ill illaine illœuf illex illal illue illoir illour illif illeai illaul illotte illor.

dr dror dral drif droir drue drour draul
dreai drotte drex draine drœuf.

tr traine trif trex tral trotte tror trœuf
troir treai traul trour true.

fr fral frue frif fraul fraine freai frex
frour frœuf frotte froir fror.

vr. vraul vror vrotte vrue vrœuf vral vroir
vrif vrex vraine vrour vreai.

br brour brotte brex braul braine bror
breai brue brif broir bral brœuf.

ſt ſtœuf ſtaul ſtoir ſtotte ſtif ſtour ſtal
ſtex ſtor ſtue ſteai ſtaine.

ct ctaine ctoir cteai ctaul ctue ctœuf
ctif ctotte ctor ctex ctal ctour.

pt ptaine pteai ptaul ptoir ptotte ptor
ptœuf ptue ptex ptal ptour ptif.

ſtr ſtrif ſtrotte ſtrour ſtral ſtroir ſtraul ſtrex
ſtreai ſtrue ſtraine ſtror ſtrœuf.

ſph ſphaine ſphour ſphue ſphotte ſpheai
ſphif ſphex ſphaul ſphœuf ſphoir ſphor
ſphal.

Répétition des ſons précédens qui forment des mots.

vif vœuf voir tour tue laine lue loir l'œuf
l'if four chaul chaine notte nue bœuf botte
bal ſue ſour ſaine ſotte motte mœuf mor
mue maine mal flotte pour paul pue pal
jour due crotte crue graine grotte trotte
noir frotte.

Changement des premieres Lettres.

va ta ſa ra pa na ma la ja ſa da ba.
chi pi vi mi ji di zi ri ni li bi ti.
tu ru nu lu fu bu vu ſu pu mu ju du.
vo no ro jo bo to po lo do ſo mo fo.
dé lé pé té bé fé mé jé ſé né ré vé.
re te ne fe le be ſe ve pe de je me.

Autre changement plus composé.

cra fla illa qua gna cla cha gla ſqua gra fra.
fré qué flé clé illé ché cré gné gré glé ſqué.
gli qui fli ſqui gri chi cli gni fri illi cri.
gno flo cro illo fro quo clo cho gro ſquo glo.
fle cre que ille cle gne gle che gre fre ſque.
gra glu flu gnu cru quu illu ſquu clu chu fru.
chui nui bui ſui rui mui tui pui frui.
taiſe paiſe baiſe daiſe flaiſe maiſe craiſe.
gnou tou vou lou fou chou nou bou.
men den ten ven pen jen cren clen.
neil beil ſeil reil meil deil zeil queil.
mer quer iller ſer iper jer cler.
flace dace gnace tace vace lace face chace.
nette bette ſette rette mette quette illette.
vage lage ſage chage nage bage ſage.
chien nien bien ſien rien mien tien.
vec pec jec flec dec clec gnec zec.

Changement des premieres & ſecondes Lettres.

ſo mi vé ra ju ſa to bi pu la ſé da né
ſi mo va ru ſa zi jé ſo lé tu pé ba no
dé ſa mé vi ro ji vu mu li té fu pa bi
nu do ſé ma lo vo ré jo fi ta po bé lu
na di je ba di na ge vé lo ci té mo di que.

Autre changement plus compoſé.

tes vob lel fui chaiſe nou ber ſeu remme
men quoin illon zeil pip jag crer clace flette
daf gnage touet vai lien fenne chad noi bav
ſin reur mune quan illec zun pes job crel
crui flaiſe dou gran teu reuil len foin chon
neil mace quette veur lune fan tin ler face
mien iller don bage fouet jeu gneil clen
guer peur tou deu paul.
meur queur illeur zeur peur jeur teur.
noi boi ſoi roi moi quoi toi poi choi.
chan nan ban ſan ran man pan tan.

PIECE

PIECE DE LECTURE

Composée de Monosyllabes.

Dieu a fait le ciel & tout ce qu'on voit sous les cieux, tout ce qui est dans les eaux, & en tous lieux. Il a fait le jour & la nuit.

Dieu voit tout. Il voit le bien & le mal qu'on fait. Il voit tout ce qui est dans nos cœurs. Dieu fait tout ce qui lui plait. Il a fait tout ce qui est dans les airs. Il tient tous les biens dans sa main.

Dieu est le Roi des Rois, le Saint des Saints, le Dieu des Dieux. Nos vœux & nos cœurs sont ce qui lui plait le mieux. Quand on a la foi, on croit tout ce qu'il a fait pour nous.

LECTURE

De mots coupés par Syllabes.

chan ſon fa ché cha leur é chec man chette bou che bou chon chi fon en chai ner chaiſe pé cheur cho quer chan te ra cha grin fi- chu é chan ſon chu cho ter cha ri té chien cha que chi fon ba zo che cha pon per cher cham pi gnon.

van ter na vette un pa vé a vi ron du bon vin vo lon té fa veur a vec vi nai gre va- ni té a vou er voi tu rer une vi gnette veu vage ré veil ri vage gra ver va leur vé ri té je vo lai.

toi lette une to ta li té ten ter tou che ra é toi le pi tui te tien tin te ra crou ton é tu dier in ven ter men teur té moi gna- ge poin tu une tan te pa ter nel té moin ti gre tu li pe ver tu é tui mou ton.

li mon de la lai ne lon gueur mou lin lan- ter ne ſo leil ſa la de la lune bou le i ta- lien bien loin lou cher l'eſ pa gne a lou ette

---

une a emme é ip e aiſe i af o age u eur ai av eil ad en ob euil el er an ace.

vo la ge loi len teur rou lette bi lan li ber-té lu nette lon gueur lu mi gnon a li gner. femme en fin fon deur re bu face fade fin é tou fer du foin fouet fa vo ri feu fi gue fi dé li té en fer fef ton fer veur fer ti li té en fan ter ren fer mé bou fette fa ti gue ra. ni cher bo nace à la nage ve nin de vi né mi nette ju non fé ré nade le ve neur nu age né ron nu di té na tu rel in fi ni na vi guer no va teur no ti fier pa na de fe nou ri ra fe pa na cher.

bai gner du bien ru ban bu veur bou lo gne bu che ron ro bin ber ner bon té bel grade bi che bou ti que bu cher un ba lai un bec be daine bu veur ban dage ba ta iller ba-guette bu tin ba di nage bai gneur ber lin. fon fou te nu fien fer mon fu cré fe lon fer vi teur le fien fi gner fo nette fa lon fage fa la ma lec du fel fai gner fan gler fan té fé ré ni té fer vi tu de fou per fa-pin fer pette.

race robe do reur rouet en rage ti rade rien la bou reur ti rage roi rou ler rec teur ré-fu ter ri meur ra mage rui ner ri va li té ro quette ro bin.

---

es oi ienne ou eu in ette on ag oin ec ouet oui ui ain ien ean un ail yeu ier ambe ar ange.

moi mu tin a mer mi ra cle i mage che min cla meur le mien man chon bien ai mé modi que mon ta gne mai greur mou che matin ma ſque ma ri age man quer a lu mette po ma de.

quo ti dien quan ti té mo queur qua li té quel que quoi man qué quai mo quette quel qu'une qu'on cli quette é qui page quin ze qui no la.

bou illon mou illette mou iller bou illi pa ille cha tou illai ba illage dé pou illé feu ille ba ta illon que nou illette.

peu je ſou pai pipe é cha pé pa na che une page pa ver la pin eſ pace pu an teur poche poin te po li ti que po pu lace pou mon po ta ge pou lette pu deur pen ſer chalou pe pan ta lon.

jon cher le jeu join tu re jeû ner jo li jouet a jou ter ma jeur j'i mite j'é pou van te ju-

---

n v b t ſ l r f m ch fl gu gl qu d bl cr z gn p ſqu j gr cl.

br pſ ſt ill ct dr pt tr ſtr fr ſph vr œuf if otte al oir our eai ex aul ue aine or.

aine or ſph vr gr cla fl gu ar ange ec ouet an ace age u aul ue ſtr fr ſqu j m ch ier ambe ag oin el er af o eai ex pt tr gn p r f.

pit er la joie j'en rage jan vier job jou teur ju ri di que ju pon ju rer bi jou en jo li ver.
cla meur un clo cher je bou clai la bou cle cla quer ſe clou er cli gno ter clai ron une cla vette clan deſ tin cru di té cro quer du crin cri mi nel é cran cre ver ſa cré je ſu-crai crou te cré du li té cra cher cré a tu re cri ti que crou pe une cru che.
dé bi teur en du rer le ven deur dou leur dai gner une dette un din don dan ſeur di-gni té di ner di rec teur de mon do ra de dé fi ler dé clin des po ti que dé voi ler da van ta ge dé gré.
fla teur ſou flet pan tou fle fleu ve une fleur ron fler en flé flui de flan quer je ſou flai la flo te.
gue ni pe le gué ri don guette gue non gué une gueu le un gui don la guin guette gui-gnon guin dage gui gne gui per bé gui nage.
gran deur gri mace gro gner une gri ve grace grouin gro gneur gra ba tai re ſe gron der un gri gnon gra vu re grou iller gre nade gra tin gri gno ter gra vi té glace gloi re glou ton un gla neur bi gler gla di a teur ſe glo ri fier gla nage.

---

ail yeu ette on ob euil aiſe i oir our &
dr cr z ſ l eau un eu in ad en ip e otte
al ſt ill d bl b t ain ien enne ou av
eil emme é œuf if br pſ gl qu n v oui
ui es o ieur ai une a.

PIECE DE LECTURE

Composée des mots précédens sans être coupés par Syllabes.

chanson faché chaleur échec manchette boucle bouche bouchon chison enchaîner chaise pécheur choquer chantera chagrin fichu échanson chuchoter charité chien chaque chiffon bazoche chapon champignon percher vanter toilette femme nicher baigner guenipe son race moi quotidien bouillon peu joncher clameur grimace crudité débiteur flateur soufflet endurer croquer clocher gloire le jeu je soupai mouillette quantité mutin robe soutenu grandeur du bien bonace enfin de la laine totalité navette fâché mouton chaleur un pavé tenter longueur fondeur à la nage bilan ruban fien doreur amer moqueur mouiller pipe le guéridon jointure je bouclai du crin vendeur pantoufle fleuve chagrin douleur criminel claquer guignon jeuner échapé bouilli qualité glace bigler miracle

---

a ai oi ui v qu ps if é eil ou ien t bl ill al e en in un l z dr our i on yeu f p tr ex.

rouet ſermon buveur venin rebuſade bijou moulin touchera aviron échec manchette du bon vin grace étoile lanterne face deviné boulogne ſucré enragé feuille image quelque paille panache joli boucle écran bataillon daigner une fleur ronfler une dette crever clouer guenon jouet une page chatouillai chemin quoi tirade chaloupe ſelon bucheron minette fin ſoleil pituite volonté glouton bouche faveur bouchon gueule tien ſalade étoufer guette junon robin le ſien rien clameur manqué baillage bazoche paver gladiateur ajouter ſacré un dindon enflé danſeur grogner fluide je ſerai majeur lapin dépouillé le mien batailler laboureur ſigner grouin berner ſérénade du foin la lune béguinage tintera avec chifon vinaigre étudier enchaîner une grive boule fouet veneur bonté ſonnette tirage manchon gué eſpace quai croute j'épouvante dignité flanquer un glaneur je ſouflai diner crédulité j'imite puanteur clairon grogneur quelqu'une bien aimé roi ſalon nuage berlin enjoliver favori italien crouton vanité pécheur avouer ſaveur ſerviteur chaiſe inventer bien loin figue nuage biche un guidon rouet ſage

---

o er oin ambe che j fr ue u ace ouet ange gu cl vr or une eur es oui n gl br œuf emme ave enne ain b d ſt otte.

rouler modique qu'on poche jupiter crache quinze un grignon directeur flotte démon créature la joie gravure pointe cliquette montagne recteur salamalec boutique quenouillette néron feu l'espagne menteur voiturer choquer despotique veuvage chantera témoignage alouette fidélité grouiller nudité bucher du sel réfuter maigreur politique glaner j'enrage critique dorade croupe défiler janvier belgrade populace mouche rimeur saigner un balai naturel quinola enfer loucher pointu réveil chuchoter rivage guindage serpette échanson une tante volage ferveur naviguer un bec pantalon sangler ramage matin poumon job cruche déclin aligner jouteur dégré potage mariage ruiner santé masque guiper bedaine infini feston lenteur paternel graver étui fichu valeur charité témoin roulette fertilité clavette novateur gratin buveur sérénité rivalité manquer poulette équipage juridique pudeur jupon alumette roquette servitude dévoiler bandage notifier gravité enfanter liberté tigre vérité chien percher je volai chaque tulipe loi renfermé guigne panade davantage baguette souper robin pomade panser jurer sapin vignette badinage se nou-

---

ip ad eu eau s cr ct oir aise ob ette ail
r gn pt eai af el ag ier m squ str aul.

rira

rira boufette longueur vertu grignoter chifon vapeur lunette fatiguera ſe panacher baigneur chapon clignoter lumignon la guinguette grabataire glanage gronder grenage ſe glorifier un bateau morceau rouleau tambour un buſte du pain une tache mauvais notaire vaincu ſauteur ſange demande empire emploi flambeau bedeau barbier.

---

aine or ſph vr gr cl fl gu ar ange ec

ouet an ace age u our oir otte œuf if

al eai.

Sons qui répondent aux fig. de la IXe Planche.

EXPLICATION DES FIGURES
DE LA NEUVIEME PLANCHE.

un plat . . . . . pla	*un avocat* . . ca	*des abricots* . co	*un cou* . . . . . cou
une procession. tion	*une balance*. . ce	*des écus* . . . cu	*un cœur* . . . cœur
un chandelier. lier	*un chassis* . . . ci	*un compas* . pas	*un coq* . . . . coq

Sons qui répondent aux fig. de la IXe Planche.

pla	tion	lier
ca	ce	cì
co	cu	pas
cou	cœur	coq

Premiere répétition des sons précédens.

pla	tion	lier	cou	co	ca
cœur	cu	ce	coq	pas	cì

Seconde répétition.

cœur	pla	cu	tion	coq	cou
ce	lier	ci	ca	pas	co

Troisiéme répétition.

pla	ce	co	lier	ca	tion
cou	pas	ci	cœur	çu	coq

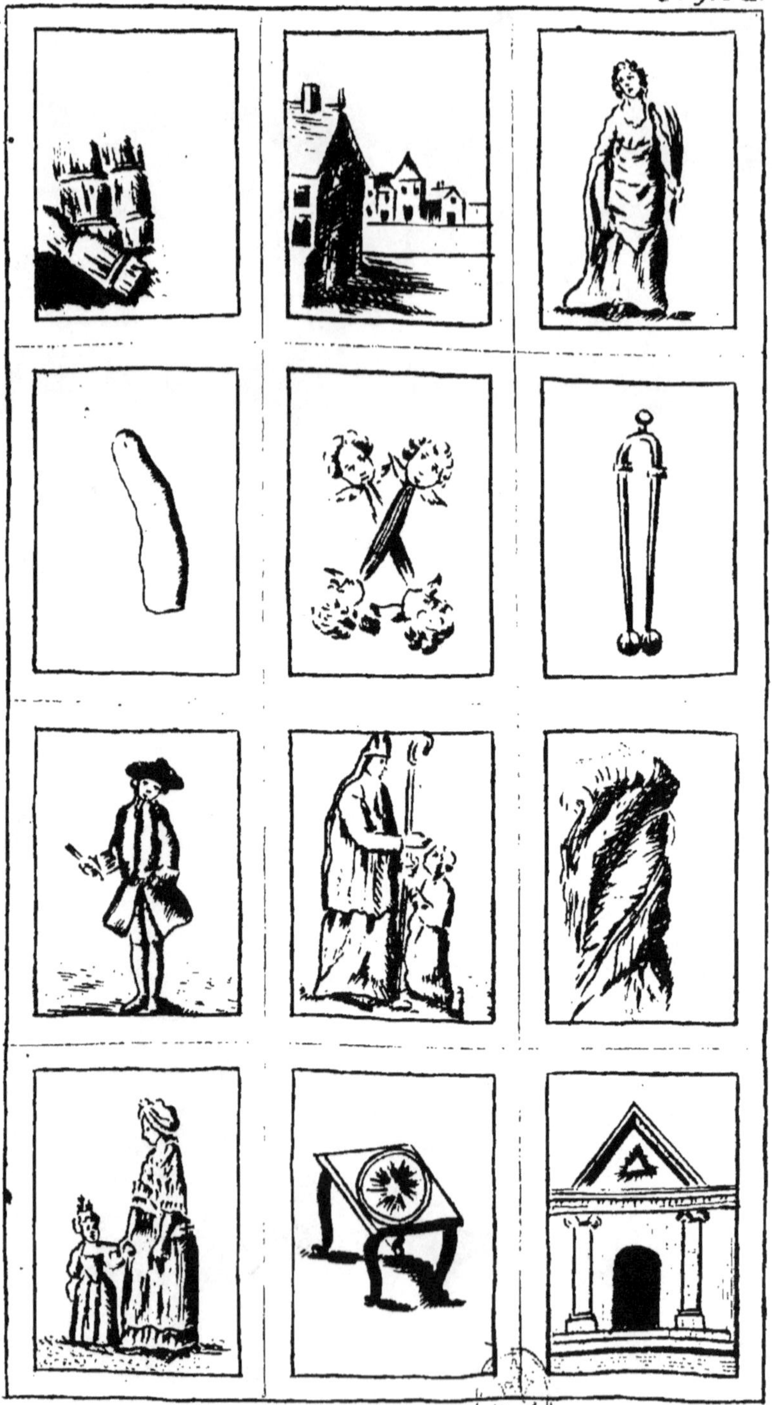

EXPLICATION DES FIGURES
DE LA DIXIEME PLANCHE.

des fagots	go	*un exempt*	exem
un logis	gi	*la bénédiction*	ction
une figure	gur	*des plumets*	mes
un doigt	doit	*une gouvernante* . . .	gou
le vent	vent	*un gateau*	ga
des pincettes	ſept	*une façade*	ça

Sons qui répondent aux fig. de la Xe Planche.

go	gi	gur
doit	vent	ſept
exem	ction	mes
gou	ga	ça

Premiere répétition des ſons précédens.

exem	vent	gur	gour	ction	ſept
ca	ga	mes	gi	go	doit

Seconde répétition.

ga	vent	gi	gour	doit	ſept
ca	exem	mes	gur	go	ction

Sons des IXe & Xe Planches mêlés enſemble.

Premiere répétition.

ça	ſept	ci	pas	ga	vent
ce	coq	gou	doit	cu	cœur
mes	gur	co	cou	ction	gi
ca	tion	exem	go	pla	iier

Seconde répétition.

exem	tion	ca	go	lier	gi
cœur	vent	ction	cu	ga	cou
doit	pas	co	gou	ci	gur
coq	ſept	mes	ce	ça	pla

Troiſiéme répétition.

ſept	pas	vent	tion	ce	gou
cu	go	pla	gur	cou	gi
coq	doit	cœur	exem	mes	co
ction	ca	ça	ci	ga	lier

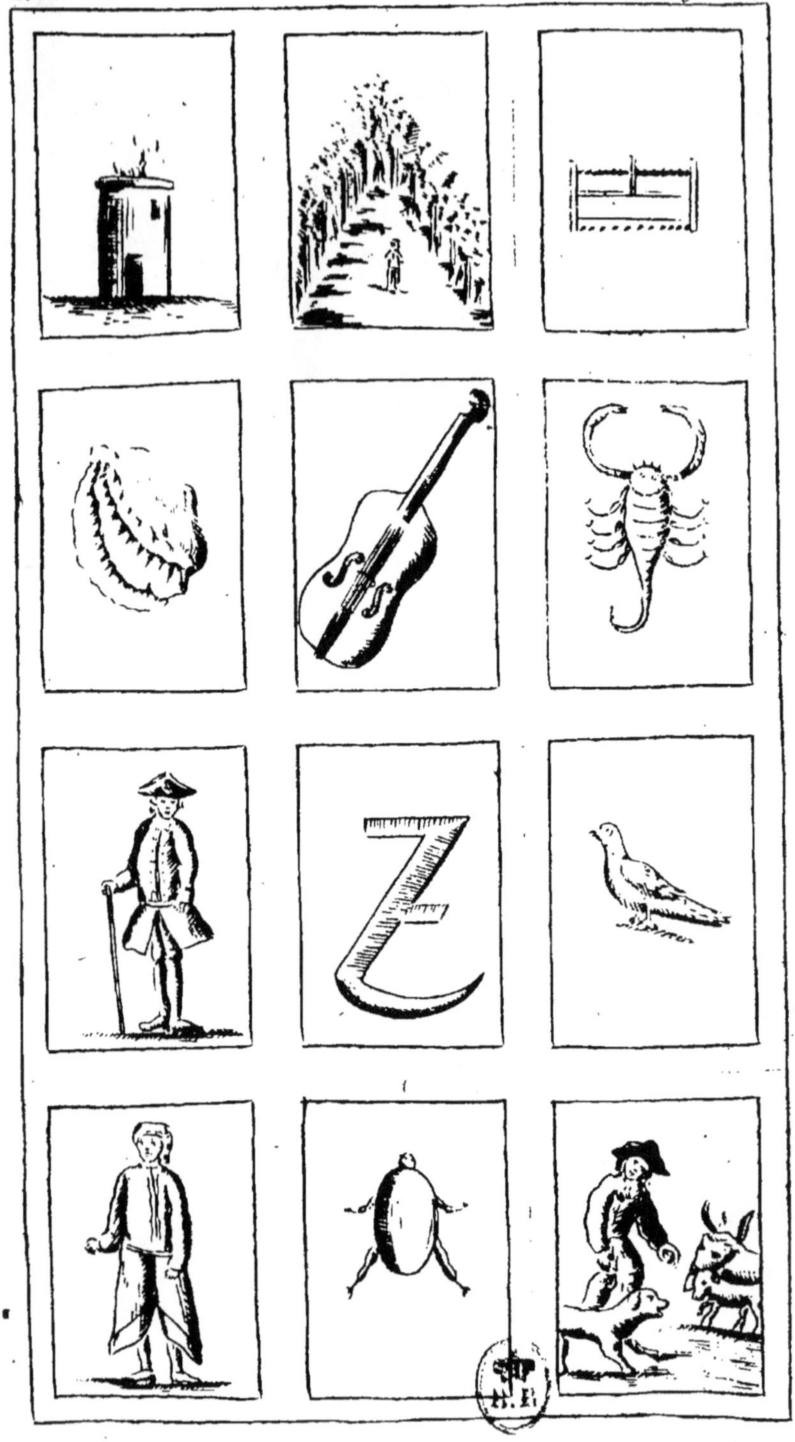

EXPLICATION DES FIGURES
DE LA ONZIEME PLANCHE.

un phare.	Pha	*un vieillard.* . . .	Illard
une promenade. . . .	Pro	*une faulx.*	Aulx
une ſcie.	Scie	*un pigeon.*	Geon
une coëffe.	Oë	*un Turc.*	Urc
un violon.	Io	*une grenouille.* . . .	Ouil
un ſcorpion.	Scor	*un homme qui excite des chiens en diſant xe. xe.*	X

Sons qui répondent aux figures de la XIe Planche.

pha	pro	ſcie
oë	io	ſcor
illard	aulx	geon
urc	ouil	x

Premiere répétition.

illard	io	ſcie	urc	aulx	ſcor
x	geon	ouil	pha	oë	pro

Seconde répétition.

geon	io	pha	urc	pro	ſcor
x	illard	ouil	ſcie	oë	aulx

Sons des trois dernières Planches mêlés enſemble.

Premiere répétition.

exem	go	lier	pla	illard	pha
ction	gi	ca	tion	aulx	pro
mes	gur	ca	cou	geon	ſcie
gou	doit	cu	cœur	urc	oë
ga	vent	ce	coq	ouil	io
ça	ſept	ci	pas	x	ſcor

Seconde répétition.

x	ouil	urc	geon	aulx	illard
ci	ſept	ce	vent	cu	doit
co	gur	ca	gi	lier	go
ſcor	io	oë	ſcie	pro	pha
ça	ga	gou	mes	ction	exem
pas	coq	cœur	cou	tion	pla

Répétition des mêmes Sons avec leurs composés.

mes ſes des les tes ces
cu cur cun cul cune cui cuir
co cin col con com coi coë coq
ci cin cim cir cil cien cienne cieu
ce cen cer ceu ceſſe cé cette celle
ca car cal can cail cam cai
go gor goi gon goir gou gom gour goût
gi gin gir gieu gil gien gienne git
ge gen gem geſſe geur gé ger gelle
tion tience tia tial ptial ptiom ptien ſſion
cœur chœur cœurs chœurs
gur gure gul gule gune gui
doit boit ſoit voit croit reçoit
vent ment dent ſent lent rend tend
ſept cet cette cettes
exem exempt exer exo exhor exi exhi exil
ction xion ctions xions
ex ax ix ox ux
cou coût coup cour cours court
ga gar gail gan gal gai gam
geon gea geas geat geois geoit geoient
ſcor ſcar ſcan ſcam
pha phu pho phi phe phé phoi phoient phoit.
pla plo plu ple pli plé ploi ploient ploit
pro pri proi proie pru pra pré prin prou.

Syllabes des trois dernieres Planches mêlées avec leurs composés.

plo phu ſcar gea gar coût ſes cur cor car cen cin gor gin tience cœur gure boit ment exemp xion ax cour go gar x ge gour chœur cou ga ex ction ouil urç aulx illard lier ſcor io oë ſcie pro pha ça pa coq pla em ſept vent doit gur tion gi ci ce ca co cu mes gen coût ix ction exer cette dent ſoit gul cœurs ſoient tia gir goi cir cer ger col cun des gail ox xions exo cettes ſent voit gule chœurs tiâl cour gieu gon plu pho ſçan geas gail pru cin ceu cal con cul les gan exhor lent croit gune ptial gil goir cil ceſſe can cune tes gni goût gal exi rend reçoit ption gien gé gou cien cé cail com cui ces gai tend exhi ptien gienne gom cienne cette cam cours cuir gam exil gelle ſſion git geſſe cieu celle cai coi geur gem coup.

pre ple phi ſcam geoient geât phoient gure ge ploient chœur tience gin gor cin cen car cor ſes cur goût mes cu co ca gi ce tion cœur ci x gar cai go coup ax xion exemp ment boit vent celle doit gur ſept exem ction ga court coût tia ploi phoi gen cœurs gul ſoit dent proie cette exer ctions cun ix gail ox des.

cieu coi cuir gam cour exil câm ſſion cette gour git gelle exhi tend gai ptien ces gienne

cui

cui gom com cienne cours ption gien gou reçoit cien rend cé gal exi cail cil ceſſe goir can ouil gil cou ptial cune gune tes gui ſcor gem gon geur cim oë pha illard coë con geon ceu les cal gan lier coq pas pla ça geſſe voit.

Sons dans leſquels il y a peu de choſes à retrancher ou à ajouter, & qui répondent aux ſons radicaux exprimés par les figures des planches, quoique l'orthographe en ſoit différente.

Son radical.	*Son reſſemblant.*	*Son radical.*	*Son reſſemblant.*
é	eh ez	un	um eûn
i	y is it	ain	aim ein eint
o	au eau	or	hors
en	em	œuf	œufs euf
euil	euille	aul	ol
er	erre	aine	eine, enne, êne
eur	œur œurs	ouil	ouille
el	elle	ai	eſt oî ê è ë ay ey & ei ois oit oient
an	am ant ean	eai	eois eoit eoient
oi	oy	ien	yen
in	im		
on	om		
oin	oint oins		
es	eſſe		
eu	œu eux		
eil	eille œil		
ier	yer		

Premier ordre.

eois & eſt ouille eine ol eille œufs hors enne aim um yen œu eſſe oint om im oy am elle œur erre euille em au y eh eoit ei oî euf êne ein eûn ê ois eoit œil eux oins eoient oit ey ay ant œurs ez eau is ez it è oient ean yer.

Second ordre.

ay ein œur aim eois ant eûn erre um & ey œurs ê ois euille yen eſt ez eoit em œu êne ouille eine eſſe œil eau is eux ez y au oint enne ol om eh oins it è eoient eoit im eille œufs oy ein oient ean oit oî am hors euf elle yer.

Les mêmes ſons mêlés avec leurs radicaux.

Premier ordre.

oy ol ouille é i œurs ay o en euil êne ei om eine ê ein er eur el an oient enne eh eſſe ois œur eſſe oi in on oin es ey eu aim euille œil oins ean eil ien un ain oit it eau yen eois ant eſt is è oî yer am eoient eux ez eûn or œuf aul aine ouil erre eoit y em um & œu oint eille ai euf elle eai œufs ier.

Second ordre.

ai ouil oî ain es oient euil oint aul is ien on el o & or ant ean oi er œurs œufs em ez yer œil œur ê é elle eoit it eoient aim eſſe om êne ol euf erre am oit eu eh ei oy yen eille aine è un oin an en œu œuf eſt eil in eur ay um eûn eois oins enne eſſe ein i eai y eux eau euille ois ey eine ouille ier.

Conſonnes composées ou dérivées des ſimples.

Conſonnes ſimples.	*Conſ. comp.*	*Conſonnes ſimples.*	*Conſ. comp.*
qu	k	ſtr	ſtr
j	ge	p-r	pr
cr	chr	ſ-p-r	ſpr
tr	thr	p-l	pl
fr	phr	ſ-p-l	ſpl
ſph	sf	ſ-chr	ſchr
f	ph	ſ	s Ç ç ſç ſs
ſ-m	ſm	ſ-t	ſt
ſ-b	ſb	p-t	pt
ſ-ch	ſch		
ſ-qu	ſqu ſc		

Premier ordre.

pt ſt ç ſchr ſpl ſç pl ſpr ſſ pr ſtr ſqu
ſch ſb ſm ſc ph sf phr thr chr ge k s ç.

Second ordre.

chr ſtr pt ge ſqu ſt k ſch ç ſ ſb ſchr ſm
ſpl ſc ſç ph pl ſpr phr sf phr ſſ thr pr ç.

Consonnes doubles mêlées avec les ſimples.

Premier ordre.

pr ff pl chr pt pſ v ſchr t br dr bl vr l
phr ge k ſpl f c' cr ch tr gu fr ph n qu
sf b bb ill ſç ç ffr d ſph ſ z ſtr ſm gn gl
p ſb r m ſt x thr ct ſqu pt ſpr fl mm
ſ gr j cl ſſ ſcr ſc.

Second ordre.

mm ſb ç tr bl pr ſ r ffr gu vr ff gr m
d fr l pl j ſt ſph ph phr chr cl x ſ n
ge pt ſſ thr z qu k pſ ſcr ct ſtr sf ſpl
v ſc ſqu ſm b f ſchr pt gn bb c' t ſpr
gl ill cr br fl p ſç ch dr.

Sons & Syllabes qu'il faut que l'enfant dise d'une seule voix & sans se tromper.

ob

ob ab eb ib ub arbe erbe orbe urbe albe elbe ulbe aube oube ambe imbe ombe ourbe.

el

el al ol il ul oule oile aule eule uile arle erle orle urle elle alle ille olle ulle.

age

age ege ige oge uge ange inge onge eige arge erge orge urge ouge auge.

ad

ad ed id od ud ande inde onde ende oude aide aude oide ourde arde erde orde urde.

es

es as is os us arse orse erse urse ourse esse isse asse usse osse ousse oisse ausse uisse.

ip

ip op ep ap up arpe erpe irpe orpe urpe oupe aupe oipe alpe elpe ilpe olpe ulpe êpe.

ec

ec ac ic oc uc ec oc ec ic aç uc ic ec uc ac oc ec uc ic ac oc.

av

av ev iv ov uv anve inve enve arve erve orve urve alve ilve ulve ève euve auve olve ouve uive.

une

une ane ine one ene erne orne urne oine eune aune eine uine.

ette

ette atte itte otte utte ate ete ite ote ute ête arte erte irte orte urte eurte aute eute oite einte oute aite uite inte ante onte ente einte.

ex

ex ax ix ox ux anx aux oux ex ux ix.

emme

emme imme omme amme alme elme ilme olme ulme arme erme irme orme aime aume uime ame ime eme ome ume ême éme.

af

af ef if of uf aff off iff uff eff arf erf orf inf onf enf euf auf oif ouf uif affr effr iffr offr ouffr auffr anfr infr affl ifl afl ufl onfl enfl oufl anfl.

ag

ag eg ig og ug aug ag ig ug eg og ig.

enne

enne anne onne inne ene ine one ane êne.

ace

ace ice ece oce uce arce erce orce urce ource auce ouce ance ince once ence alce elce olce ilce ulce.

aiſe

aiſe aſe eſe iſe oſe uſe auſe əuſe oiſe ouſe uiſe anſe éſe onſe euſe.

er

er ar ir or ur our oir eur air œur ir œur ur oir ar or our er ir our air.

eil

eil ail ouil euil eille ouille aille euille.

ſcor

ſca ſco ſcu ſcar ſcor ſcur ſcan ſcon ſcun ſcou ſcour ſquan ſquar ſquor ſquou ſquon.

SONS OU LETTRES

B R E V E S.

i *Bref.*

ien ieuſe yen ieu io ié ia ion ial iez iace ius iad ier ias ief ieur iar iol iet ior iai iois iette ienne ian iance iage ioit iap ience ieille ioient iel iaſſe ielle ieſſe iere ionne ianne iaiſe iau iou.

é *bref.*

éeſſe éa éon éal éor éan éage éi éir éance éer éo éel éu éhen éhé éé.

ou *bref.*

ouet oui ouir ouan ouange ouer ouez ouon oueur ouai ouin ouelle ouaſſe ouette oua oué ouoit oueſſe oueu ouab ouoient oueuſe ouage ouance ouar ouaille ouhai.

u *bref.*

ui uin uir ué uer uon uan uai uel ua uet uage ueu uoit uelle ueuſe uaſſe uoient uence ueur uete uil uif uiv uez uau uad uar.

y *bref.*

yeu yen yé ya yal yon yer yaſſe yeur yar yau yai yenne yan yage yoit yez yeul yeuſe yoient yol yance.

a *bref.*

aon aa aé aïr aor aan aï aü aïn ao aïeul ayen aab aad aac aïf aal aïl aül aam aas ayan.

o *bref.*

oin oel oab oad oas oeg oïl oar oé oa oï oü oon oan oail oyen oet oyenne oë oal oail oag ooz oyelle ohor.

SYLLABES

Composées des Conſonnes & des ſons les plus difficiles, afin d'accoutumer les enfans à lire toutes ſortes de mots.

j'ai guez ctum xaille brê dres ffrois quoit deu phloi blouil flim ſteuil ſchem ſcroî vœur chyen rouille ſy quau preſt troient glelle chram trœu fray ctrail illau clon gnè glaim ffloy cleſſe ſcheur ſbien grei phou tin phrair prë ſim croit zour ſen blez pleuille cê ſphoi nai lyen beau ky c'œil ptau ſai ſtoy ſquelle plain vrei moi ſtrin peil floit thrim plan blom ſpois ſmel guez ſprau. teil phun greſt ſelle preſſe phroient fez crem leu zoit çum flaille nê ſphes ſplois koir bai plez ſoi ptouil c'im pſoi ſquem thrau floient pelle ſtœur myen ſtrouille vry clam ffleſt clœu ſchay ſbail xau cton què ffraim quei flou blin ſtoit droy breſſe dien jeur phlair ſcrai ſchim rour

---

eſſe im au ez ei œil en eur œu oî es ay œur ois elle oit eh r ch v tr gn tr qu ſ pt chr gl ctr fr ſpr ill bl ſp cl ſm pl.

chë vez treuille quê ſein ptoi chrai gleil vim vrez blim glyen ctreau ſry trœil phlam brom glois c'aille drouil clai gnau illoy trel ſau ſteille ſplê ſſlem ſquoient blelle plain ſprei quun gueſt zes freuil belle gnoy reur ſmin ſpoî illoit ſchelle grois quoî plam pteſſe ſlien ſſrei peſſe lez ſtoient ſmoir ſchœur preſt clou ctrin trair ſlem phroit clai ſby blœu ſtray ſcre dim xoit throur plum chreu jyen ptail pſen kez çeuille mê ſoi nein choi ctouille ſphau ſai tyen feau guœil jau ſcrai phroi ſlau cron phê ſpy illoit klon plelle kain tei brin bloî ſpraim reil.

zoit ſphim quois trel xes ſplez ptois throir vai ſan ſchom ſlau chelle ſtoit chreu gnoi ſouil ſtrim beille pſun pteſſe quum ſeuil frem cloî ſtœur ſlyen phleſt ſoient ctrez phy clau ſproient vrelle blam treſt mem laille glouille ſlœu pay ſbail illau ſmon glé plei ſquê ſchaim groy neſſe creur ctin

---

eſt eil y em oî am euil aille ein ill & ien ê eau gl v phl br gl eille in eſt erre our tr ſt ſ qu sf yen oit oy un eſſe gu ſch p ſt l ſl elle im ez phr pl vr C' ch gr ſm cl chr bl ch au el im ai aim dr ſſl fr qu ſch j oient ouil um ein ct ſb ſl ſqu b pl ez oir ſpl z.

prë dair fin ſpoit drien flou çen ffrour guœil.
clê ſai ſcheau bloy threi fram ſquom kois illel ſpez flyen pſy gnelle cloî ſprau chreille run vreſt pteuille ctrœil ſmain treil ptelle neſſe troient quez plein ffleau thrai poit ſcram ſtoit bez çum glaille ſtroi mai ſbin glim chê fles ſpoir phon flei ſai ſcheu doi fouil lim pleuil ctaim què broy greſſe ſom voî blœur ffryen ſplouille guœur phrien ſpez ctrœil cry toient ſtau jelle xam phou brin gueî prair quë bleſt prœu phlay drail zau.
crim phloit plour ſten ſphez xin phroy deil zoit veuille bê ſein ptoi glay ffrim flan ſplom ſcrois ſquyen treau ſtry illai ſbelle lel flau c'eſt reille trun flœil glau blain ſpoy grei ſtelle vreſſe ptoient ctrez pem gnoit ſprau plum clê ſchois ſpres ctoir tai dreu ſoi jouil fim bleuil çoî ſchem nœur

---

ai im oient elle am ail erre x thr k ei im em au eſt eſſe ei ain oî in ë yen oit y om oit eh pr bl ſtr & oient i é eſt o ay pt ſph cr ph ſpr ez au ê oi è ai oy jen ois gn r fl ffr cl ſt ſch ſcr v ch r s qu tr gl ctr tr ſcr d ſph gu ct sf x br dr ffr qu j d ph k.

chy kyen plouille chry ſau quoient frelle mam cleſt throeu ſley ſmail phou klin. deu ſſrois xaille vœur ſcroî biouil trœu phloi dres guez ſchem ſy troient ſtrail jai brê rouille ſteuil quau chram glaim quoir ſtum chyen ſlim glelle pteſt fray gnè ſlloy cleſſe ſcheur ſbien grei pleuille phou crin fen ſim çê ſplein ſphoi ptau ſquelle vrei phrai zour ſloy nai lyen c'œil pſein teille phum blez broit ſai pſain.

---

i è in é im ê ai o t ph gr ſ pr ol & ei oit ien phr f cr z ç k p ſl au oient ay y ois thr pl ſp bl ſpr br ſm ez ë oy eſt yen gr.

EXEMPLES

Des lettres apoſtrophées qui ſe rencontrent dans la lecture.

s'admire l'autre m'eſt d'autre m'y n'avancez j'eſpere c'eſt l'eſtime d'hiſtoire t'affronte quoiqu'on s'il juſqu'où m'avez l'eſprit j'aſpire n'êtes l'ornement j'aime n'importe s'augmente c'a j'endors n'irrite quoiqu'il s'excite s'eſt t'interroge quelqu'une d'eſprit c'étoit j'irai d'ordinaire s'obtient l'effet m'importe l'admiration m'augmente n'obtienne t'achever qu'attendez d'outrage s'efforce l'amitié m'outrage j'efface n'avoit l'avantage t'attache qu'obtient d'habitude s'abſtient c'eſt l'univers m'avance j'apporte l'hyménée j'ai qu'à l'exemple quoiqu'il l'étranger j'entens s'enflâmer qu'ouvrant qu'elle l'auteur s'arrache l'abandonne j'aimois t'écris t'ont s'y l'on s'aime d'autant qu'on s'obſtine.

EXEMPLES

Des sons composés de la lettre h.

H Aspirée.

ha ! habler hablerie hableur hache hacher hachette hachis hachure hachoir hagard haïr haine haïssable haie haillon haire hainaut haire halage halbran hâle hâlé halener hâler halle halebarde halebardier haleter halier halte hamac hameau hampe hanche hanap hanneton hangar hanter hapelourde happer haquenée haquet hareng harangère harangue haranguer harangueur haras harasser harceler hardes hardi hardiesse hardiment hargneux haricots haridelle harnacher harnois hâro harpe harpon harpie hart hasard hasarder hase hâte hâter hâtif havage have havir havre havre - sac haubert haut-bois hausser hausse-col haut haut-mal hautain hautement hauteur hautesse haute-contre hé ! hem ! heaume hennir héros hennissement hérault hérisser hérisson hernie héron herse herser hêtre heurt heurter hibou le hic hideux hie ho ! hobereau ho çà hoche hochement hocher hochepot hochequeue hochet holà hollande homard hongre hongrie honni honte honteux honteusement hoquet hoqueton horion hormis hors hotte hotteur hottée houblon houblonière houe houer houlette houppe houppelande hourdage hourder houx houspiller houssard housard hussart houssaie housse houssoir housser houssine hoyau huche huée huer huguenot humer hune hunier huppe huppé hure hurler hurlement hutte hutté.

H NON ASPIRÉE.

habile habiller habit habiter habitable habitant habitude habitué habituel haleine hameçon harmonie hast hebdomadaire héberger hébêter hébreu hébraïque hécatombe hégire hélicon héliotrope hellébore hémisphère hémistiche hémorragie hémorrhoïdes hépatique heptagone herbage herbe herboriste héréditaire hériter héritage héritier hérésie hérétique hermaphrodite hermétique hermine hermite hermitage héroïne héroïque hésiter hésitation hétéroclite hétérodoxe hétérogène heure heureux heureusement héxagone héxamètre hiatus hieble hier hiéroglyphique hippocras hypocrite hirondelle histoire historien historique histrion hiver hiverner hoir hoirie holocauste homélie homicide hommage homme homogène homologuer homologation honnête honnêtement honneur honorer honnêteté honorable hôpital hoſpitalier hoſpitalité horiſon horloge horloger horoſcope horreur horrible horriblement hoſtie hoſtilité hôte hôteſſe hôtel hôtellerie huile huiler huileux huis huiſſier huit huître humain humainement humaniſer humaniſte humanité humble humblement humecter humectation humeur humide humidité humilier humiliant humiliation humilité hyperbole hypocondre hypocriſie hypoſtaſe hypothéquer hypothèque hyacinthe hyades hydre hydrocèle hydrographie hydromancie hydromel hydropiſie hydropique hymen hyménée hymne hypothèſe hyſſope hyſtérique.

EXEMPLES

Des mots où la conſonne double ch *ſe prononce comme* K.

achaïe achélous antiochus archélaüs achiloüs archétype archange archangel archéarnaſſe archeſtratus archiépiſcopal archiépiſcopat archigenès archontes bacchus bacchantes bacchanales chaos charybde charon chélidoine chanaan cham chus calchas chérès chares charès chélydre charchédon chosroès chabrias cherſoneſe chio chiliarque chiromancie choreb choriſte chœur catéchuméne chorographie dyrrhachium echinades epicharme exarchat écho euchariſtie euchariſte leſchès méchanique michol nabuchodonoſor orcheſtre pulchérie réchabite ſcholaſtique ſcholiaſte ſcholie ſynecdoche tycho-brahé zacharie.

EXEMPLES

Des mots où la conſonne double ch *ſe prononce comme dans la premiere ſyllabe de* chemiſe.

achéen, achéron, achille, alchimie, alchimiſte, antioche, archidame, archipel, architophel, anarchie, anchiſe, archevêque, archidiacre, archiprêtre, archiduc, archiduché, archiducheſſe, archimède, architecte, archives, bachique, barachie, chérubin, chéronée, cacochyme, catéchiſme, chypre, chyle, chiron, colchide, chimère, chimie, chimiſte, chirurgie, chirurgien, euſtochie, eutyche, eutychéen, eſchyle, eſchines, ezechias, ezéchiel, hiérarchie, joachim, malachie, machiavel, machine, manichéen, melchisédec, michée, michel, monarchie, patriarche, pſychée, rachel, ſchiſme, ſichée, tétrarchie, trochiſque, tychique, zachée, ſtomachique.

EXEMPLES

Sur la lettre s *finale au plurier qui ne se prononce que dans les monosyllabes, c'est-à-dire, dans les petits mots composés de trois lettres, comme* mes, ces, des, les, tes, ces, *au lieu que dans les suivans elle ne se prononce pas.*

branches cordages basses blondes bourses carmes fautes graces meules pommes portes routes poules grandes hommes princes courses goutes rides larmes larges cartes sommes places dindes danses mes palmes modes ses glandes flames nouvelles des vêpres vestes les verbes offices merles tes novices visites ces huîtres belles.

EXEMPLES

Des terminaisons des verbes en ent, *qui ne se prononcent que comme s'il n'y avoit qu'un* e *muet.*

craignent mouillent moussent riment montent étouffent manquent rompent ouvrent retournent philosophent aspirent trouvent brulent mouchent étranglent montrent tremblent sacrent soufflent cadrent bouclent conspirent destinent.

EXEMPLES

Des ſons qu'il faut partager en liſant certains mots.

tomberoit feroit animoſité venoient accorderons ſera continuité cabinet ſerons cabinet promenés terminer féminin ſerez capitaine chargera apprenons humanité bonifier caſſeriez trouvera origine commune inclination amener criminelle latinité rangera travaillé inopiné origine venoit univers ſeriez avenir prenez fera parvenu univerſel inclination ferai devinions badinage.

TABLE

De tous les monoſyllabes de la langue françaiſe.

a ai ais ait as au an ail arc aux art air août.

bac bar bas bat bain bats bail baux banc bec beau bel bien bis bon bouc bous bord bout bourg bœuf bras bleu blond brun broc brin bois boit bal bu bref bus buis but blanc bled brut.

car cal ça ce cet ces ceux ciel cep cor camp cam corps chat champ chant char cher chaux chef chaud chien choix clair clef clerc chair craie croc crois croix croit coi coin choc ceint cru cri crin crut cris craint christ cieux coq cerf clin cul cuir cui chez choir chou cuit choux clos cent cinq cous clou cour coup cours coups coing coud court cœur cran chœur creux.

de des dé dans dors dont dort dos don dot du donc dais dam dard dent dix dis drap dit daim draps dru dois dû doit dieu doigt droit dieux doigts deux doux dur dut dreux dol deuil.

en eu es eut est eau eux eaux et &.

fi fard fil fils fer fiel faon fier faut flanc fais faux fait fus fis fut fin font faim fond flins fonds fri froc frit fat foin fit franc frein frais foy fief fois froid foix fort fuis flot fleur flots fou fleurs feu feux front four flux.

gai grand gras gris gros gland glu gril gré grec gant gens gond geai gît gain grain groin gué gout guai guet gueux.

hais haut hier hart hem hors huis huit.

je jet j'ai jean j'eus il jour ils jours jeun jus joins jonc juin joint juif joug jeu jeux.

la le les lac lacs lard las leur lors lier lîeu lien liant luc lent lin lis long lit linx legs lu lot loin lots laid lus lait lut loi lui louer loup lourd loups.

ma mal me mes mais moi mon mien miel

mieux m'ont mois m'en moins marc mil mars mot mons metz mont met mut mets meurs meut mer mort maux mords mur muids mœurs mai main mus mains mot mou maint.

ne nez nais né niais nain neuf nos neufs nous ni nef nid nu nerf non net nom nil nord nait nuit nul nuis noir noix nœud.

on or ours ou où ont os oye oing oui œuf œil.

pal pas pin pain paix pet pais pis pait peau plat pot plus pu peaux peu poil paul peut puis point pieu pend plan part peins port plains peint porc parts plaint plais plein pan plomb pont prend pond pris prit près prix plut plaît pleut par pieux perd prêt perds pleurs plis pied pair pieds poix peur puits poux pour pur.

quand que quel qui qu'il qu'en quant qu'a queue quoi qu'un qu'on qu'eux.

ras rat rets ris roc rit rot rôt rang rend rhin rond rapt reins romb rien romps rieur roi ruth rheims.

ſa ſe ſon ſac ſel ſes ſain ſaint ſein ſeing ſi ſaut ſot ſec ſers ſans ſon ſert ſang ſont ſent s'en ſus ſur ſors ſuc ſort ſix ſud ſis ſait ſeth ſauf ſaul ſeau ſien ſied ſieur ſois ſoif ſoit ſoin ſoir ſou ſuif ſous ſeoir ſourd ſeul ſtuc ſœur ſeuil.

ta ton te thé tes thon tel toi tout tort

tous tords turc tonds temps tint tend tien tends tronc troc trop très trot tu t'en traits tard trait tyr toît trois tas tais train teint taux thim toux tiers tour trou tut.
va van veau val vos veaux viens ver vers vœu vert veux voir veut vois voit voix vais vas vin vif vins vit vingt vis vint vil vol vent veuf vends vain vu vaut vient vains vaux vieux vont vous vrai.
yeux. zeſt.

LECTURE

Dans laquelle ſont répétés toutes les ſyllabes & tous les ſons difficiles & équivoques de la langue.

ſurnaturel prince conduit gobelet malade mes ſarai heureux montez anticipe examiner ſuave hoſtilité vitriol ſcabreux ancien joab avantage écrivoit condition abraham voit fourchette ſoupirail exaucer fiel dragon femme averſion boiſſon enduire avancé robe cordon caraffe mes afin lionceau chien

---

gu elbe oi ien t age ſes éeſſe oient erſe ca ph ad ui au ilve exil ouet eaune gr oin une ei aon tial ct urbe yen oi bl uiſe oyelle aee ſ aiſe ex yance éer erme ſſi or pr uet offr oit eul ouin phr urce.

joyaux hardiment connoiſſance cabale ſincere ſuin andouille image remède.

douceur eſaü mouſſent dévotieux galope rigole ambaſſadeur inquiet ficelle ſouleve ſoit joas hautain plaire princeſſe liége eſt gauche naas croit antidote gaine miliaſſe j'ai exorable peau immobile cendre manuel exorbitant faim s'obtient bourgeois chef engagea impérial poëte curieux récréer riment capucin canfré abricot ſuoit les cercueil ces caudebec.

moyen hémétique courtiſan ouailles tourment préjudice ſimple connoître égayoient proceſſion cane gêne licaon argile aſpirer couverture œuvre épier foiblement augmente agir répréhenſible avancer plein bail montent eſtime nouoit ces extaſe gilotin corroyeurs après figure eſpagnol gimblette cuir herbe gourmand invalide virgule pareſſe caïn réflexion accepte aucun niort coëffe rivale. médaille reçoit étoiles précieux oblige largeſſe jouet étouffent tes ſonette habile vieilleſſe exécution homme hardieſſe gambade

---

aute oï af & aer ex dr uſe im eſt tr aute iai ez inte cau f éor ic gim oit up uete elce arde fin ouoient im ſin z auſſe oë in y aïl doit ilme urte eau ai gl ouce ieille ice ez ſin ç éi erge ulce.

continuer gayeté caiffe oreb offenfif munition conviez celui chaufoir léopard exalter infraction aucune truelle faxe croifly bac hiftoire gouvernante adorera cage fouhaiter agace efpece importe déeffes des fcorpion épine humide campement naaman reine gingembre habitude manquent bègue pigeon exiler roi témoin grégoire cerfeuil les cadet proueffe concile paranthéfe abeille fcribe c'eft j'ennuyai doit avril cœur jofué ancienne bête période recele gabao nuptiale jouoient occuper exhumer haureur biais commencez tomber ovale religieux gelboé ceinture emplois déluge paya ébloui cautere mérite tes verrouil effet bifcuits hardieffe flamme couffin pauvreté habituons rompent circonftances fcribes les étoffe hautain foleil priaffe du gain réel cela vulcain efprit affliger remueufe ceux alembic j'irois fouvent ancien orgueil puce chirurgien ces dinez dédain gant béatification amene.

hériffon branches mes herbages craignent tomberoit plioit retournent extirpé ifmaëli-

---

oi ger ug uir pl ar ptial ouange au ême oï on aïn ce qu alce ë ien ei olce euille yeu ax ceffe éance fl oc cal yen oule ueu eaupe n oua auge oë exo aod z alte ai fien fph oi um oient ooz aille anne.

tes

tes ſcandale hoſtilité œil relief menagé digue exécuter noël heureuſement poitrail mes eſtimer fenouil gaillard poiſſon boueux exercer priſe largeur mitoyenne dédain vergette calcul lacet affluer bain corruption habitude goinfrerie biſaïeul chœur amour eſculape exemple mitoyen gamelle cuve bercail belle joathan philoſophent exhaler hyver déluge.
pigeon épanouir vient fixe pelote pincette boit conſcience citoyen ſerai calme s'évertuent nageoire jujube luxe truſe obligeoient darius ces gorgerette jéhu aſpirent exhorter ſiflet carton ſubſtituaſſe fouille gardien choc calme pieuſe philoſophe harceler idéal reſpect jambe doctrine babylone ſes envahir affoiblir bruſque bateau connoiſſant hiſtorien prieur balayer dogue des trouvent eſt humblement.
glace gribouille moab fagot mœurs ſouab mes j'oſe houlette aboyant boëte examinons foule ſcabreuſe ſaluons magicien viande connoiſſez payen opération voit écharpe exaucée ancienne gond janvier émulſion les vœux

---

yeux iv ſpl can ſien ean ê orge gar ine uiſ og k vent ois ouane oc oï olme aé cez alce aine eu ſtr ux yoient ouffr ption ceſſe b ouil uff exu ête êne uon ille cel im oua ouſ oë ayen ois exe d aux yol.

L,

moïſe effacé louange cordé dénouant enfin diſpute figure bierre brule oxicrat anſelme l'index homme influai ſept barbe bénédiction affaire le mien cancre volaille alcibiade exulcératif obéiſſance combattre giroflée auprès culbute éternuoient caillou habacuc impatience moyen toi obſcur tierce humblement gédéon ranger acharne tranchoir virgules mouchent extraordinaire accueille marſeille adreſſe & berceau patriarche connoiſſable hugue ſinge boiſſy joas ménage feuille douceur tes feuilleter dévotieuſe golfe amuſe eſſuyage.

nacelle contre poil ſoit impoſſible diſcontinuant princeſſe dinde gaucher ayant peine croit ſerpe crioient gaine miette inexorable inventaire encens voyelle exorciſme vieille linge louange bourgeoiſe dégage hoirie chaud marte écu brione fête vinaigrent cinquiéme armement fenouil cotillon port mahon accueil ſuperbe courtiſane efficace ſommeil médicament confier ſimplement répréhenſible paſſion mufle œil gêner affluence agile public pouce confronte bigoterie frayeur mes

---

ci v cœur t excm l tion f ce ch mes n ſept b ſin ſ ca r ge m vent qu ill ction co z gi p doit j ex cl ga cr cu fl go d gur gn des ſt cien ct gé gl cette gr.

cinquiéme mitoyen huileux rahab examinera ſyllabe ſcabreux bouſe muſicien alliance récréation poëte voit ſuffiſamment exauçoit boëte trahir gonfler ſyndic ſuſpenſion monſieur force remplacez émaillent accordoit joël afin ruine ſiguroit iſmaël oxicrât renverſe extrêmement kirielles ſept vogues mœurs production ſuinter cardeur accueille deſtitue exulcéré diadême compulſer entrepriſe cultivé déſobéir écaille pouſſent patience docile obſcurément bluete humble ſtupide.

voyageur louange virgule pape accueillerez pierre fardeau ambulant grave connoiſſez s'évertuant ſingerie fontange ſingulier fromage boueux douceurs patentes dévotieux j'octroyai rigoles femmes étincelle galaad ſoit hebdomadaire princeſſe juifs gaule preſcience rameau croit booz gaine parfumé mettent inexorables cahors cengle roc exorciſer liard bourgeoiſes commerce engage joab incurable tribune cinquantiéme ſaül recolettes entorſes cercueil négocioient courber paire intrigue regimbement gênerá conduirent ſimplifié vieille interceſſion lionceaux virgile preſéance couteau conſul affoiblir huile agir commode

---

gu en ph eur chr & x ob ſqu' in pr an br ui tr ouet phr ip vr ou dr aiſe fr ette pr eille ſtr ec ffr i ctr ad phl une.

glaçer avouer atteste ces escarpent chausent lionne agilité éleve défiguré influai est regimbement singe gourmet souabe réceptacle les.
appointe peste singuliérement moyenne immoler génuflexion aucun naïm isaac coëffe prohibé reçoit balafre les cieux triages vestes largesse tes ouailles nerfs habitable chanaan canaan exécute duc gambadions vitriol demandons amorcé joas marquent frayeur spécification caravane celui les abraham exalté ursuline rancune fiel thorax subjugue marécage œuvres manué agace sommeil des serein impériales paille scorpions méduse camphre récréer gingembre emporte goulu juif arrangeons lassitude nœud réclament exhibons secouez goitre euterpe cabinet diane conciles rivieres scrupuleux bathuel c'est mensonge doit basouoient honnête cœur appuyant superficiel comme celles nuptial naïf exhumera danube.
effacez affreux irréligieux marioit cohortes ceintrer étayer trempent orpheline causeuse saraï cuirassier basilic effaré inquiet les fan-

---

acc bl el pl oin ffl on bl phl pr phr squ' gu en in ip eil une gl str vr pt ph eur an ou ec u fl ffr dr br chr et ui aise i emme pl ct fr tr x ob ouet ette ad é.

taffin ulcere conduite étoile divine naas héréditaire du gain courfe lucain milliaffes à-peu-près fi cela déluge ceux continuer fouvent camail orgueilleux conviez phrygiens caufe gantelet léopards devinent forterefle circonflexe juive gingembre offrande ombragé enrouons muet les exécuté extirper eftimeront ayeux chevrefeuil & gaillardement novice exercerons ponctua voyageur furcharge vergettes boueufe faucet herbette croupy conception flamme nétoyage gluant goinfrerie queftion cœur baal rhubarbe exempté affronté triomphent nielle conduit exhalé baleine informe plongeons efaïi onix tillac pincette purgation des rocaille.

mort précipitation privent fource boit gelboé faim nageoire aliene luxurieux jouet acception ducheffe gorgée plongeoient impudent vieilleffe drogue ces exhortoit habituons carme écureuil regarde jeune priaffes calculé boudeufes pharmacie réel refpect enjaule doctrine frappoient reftituez prépofent fes pinde foibles joueur foi méconnoiffe corporel & effrayer foudoyen refte étuve pareille trom-

---

fl er gl oi ft af br av gl age fr a ct enne ftr eu gl es ffr o ft yeu phl er ct ai fl un bl ag gl ien ffr e bl eil ftr effe ffl our fr oi gl ui tr ei ph eur ff.

poit certain temple importe deſtineroit joueuſe ceux ſcrupuleux dévoile ſcandaliſer concierge garouage puce cigogne mitridate mes larmoyoit huit palme examinerez raphaël adverbe ſcabreuſe roulent praticien chifre déclaration déſioit voit ſuintez caïn exauceriez confiſquer les gonſlons convulſion archiduc tracé biai cordonnier pouce enfin joathan ſigurons pomone.

oxicrat ébloui marche inexprimable claſſe ſept hardieſſe des fonctions prague candidat s'évertuant evulcera œil compulſoire darius cultivons bourgeoiſe écaillé jéhu impatience

---

éel irpe cou ulce euil noit ba elte ex car p oua orde oir oan ace ayant gil ſch as aille oor ch aume iette eſt imme ei éé iau v cette one uiv ay once ooz celle tr ouane er oab um el aon cin pt erme ilce.

ei qu ac iaſſe iou un ce éal orpe ſ boit ux uon au euil cun pt ouon ip ez oan eu aer gule ſch oc ain oyelle chr auge ya eb gon um éel ig gl anve gor euſe aine con euille êtr oueſſe eg oab yen.

ael goir f ouge aille air eſſe ohor fr orf yenne eſe im pr ces éir uile tr eu infr oient nau aux ption gn eur oui eaule ean ulme aon ſſi c' effr ein eau oyelle cl oube ier ointe eſt exem éon ill anne chœur.

ayeul obſcurcit gruau humblement monde germe denouai virgules uſurpe c'eſt recueillir étayé pourceau ſanglent janvier reſſuage connoiſſoient ſingulier virginité dommage trompette douane douceurs golfe dévotieuſe ondoyé anſelme eſcarcelle ſaül ſoit orbiculaire princeſſe offrandes gauler daniel croit cuir gaines enfin.

exorables tes gabao conteſte broc cingler mitoyen bourgeoiſes exhorbitantes fenouil & exaucer moïſe moyſe dégage lucarne écumer épanouir livrent badaut cinquiémement rempliſſe incommode gaie accueil conſcience augmenter courge influai tempête & commandement andouille ſimplifions conceſſions & épouſe gêneroit obéiſſance évangile tuile coutume ruade affoibliſſez appréhende rugir marſouin placer coupe reſte priois noya ces inventer eſcrimoit réligions glueux défigurons forge exceptent gimblettes avouaſſe gourmette embaumer hérite ſingulariſer biſayeux veſte préfixions & pareil gendarme confiez chacun cauſé balaam les tes coëffer

---

nc pl ec b oc pt ic ſph oin bl oel fl oab ſtr oad ſqu' uve x anve ſb inve d enve ffr ieur fl iar r iol tr iet ſcr one pt arne gn erne cl orne ctr éel t éu e éi f éhen iois ſpr.

turbes reçoit ſouffre ſpécieux déliaſſent ſageſſe joſué nerfs habitude échelle biſayeule priez ſoupoient exécuter échec dénombrent gambadons anciennes demandez quitance étayé voyelle amplification ſubalterne celui métail dénouant exalta biere.

déſeſpérer lacune ſtorax collegue ſaccage & port-mahon agace vilain recueillirent reluiſe confier auteur camper répréhenſibles gingembre portes goûter ſtuart volontaire ſaccageons accorde des agacent recueillerez ſcorpions javelles mouillent eſt accouples taupe incapable royal imbécille loi envahir ſcribes tuoit c'eſt panurge doit cœurs & gadouars papillotes logiciens balayeuſes permettez celles nuptiales naas exhumoit alberge agacez courois gauffres litigieux vieillards affluer zeſte eſſayer échauſe payens cauſtic théodoric tribun cuire miete efface grince marcaſſins délai noailles conduire licorne les louages hériſſé aſpect rouillent du gain brione démontrent figues républicain jaim aiſances harcela néanmoins toujours les ceux ambre

---

cet n gan ç cer k gez thr gour m ſien ps celle f cœur gn ſſi br gom phl doit ſt cou qu les v ſſin ſ ction tr cul gl cur gl ſſ ſp ix gr gim ill ſſion phr cette z gen ſl xions cui ſpl.

vermeille

vermeille ſouvent mathatias déſeſpéré ſuerent flambeau.
orgueilleuſe perles théologiens puiſſant gantier plaide annexe louaſſe gingembre ſcander polipe broyons œil enviſagé parvenu exécuteur ruelle enflent eſtimation gorges gaillardiſes ouailles minutes exerceront ſœurs voltigeur poëte balayoient lacer targettes confirme rouets perception elbe goinfre canfre chœur niéce exempter ſoif ſaluons rogation cailler moyen rahab exhaler aſpect des confiance ſongeons béatrix féroce gêne doucette mitoyenne cimetiere boit nouez hoſpice mangeoire lune moyeux tripaille ſongeoit vœux conjugue égorgeons haïr exhortant conſeil grief friant carcaſſe bigarré uſance calculer j'étois joël ſablent phénomène ayant reſpectueuſement vice duc doctrinaire annonce ſes foibleſſes planette eſſaya entretenir lourde pleine clémence larges tuerions entrera poſtérité appellent.
poſtérité funeſte prenions grincement ſcabreux funeſte négociant académiciens mes genoux

---

ob elbe d pt ſm fl ulb ab eb br ſqu gc m aube ib oube cr ſç ner ambe arbe imbe erbe ill v ſ f ph ſpl ombe urbe ourbe albe ſpr ſph cl chr gu erle el orle al ol t ſtr chr gn.

ſerons vocation hurlement deſtineras perde voit exagéroit léchent c'eſt exhauſſions feignez ſeroit arragon oxicrat loupe extenſion taupe ſexte bonifié fortuné neuve ſept funeſte guépe luc corbeille morve direction ſerve crimes entrouvent brocanteur canoniſe afin des généreuſe augure exulcéra inovation comprimer monoſyllabe gager conivence virgule cultiver & ſeigneur chauve canardiere accueillez cailloux pénitence lionceaux pronoſtique patience doive ſoit obſcurcirons les exceptant connoiſſons fineſſe louve ſingulariſer humbles avantage morne ſerve princeſſes douceur ambitieuſes manqueras gaules croit pénitence dévotieuſe ſaturne peigne rigoles originairement dégainoit éloigneront juive. denombrent étincelles inéxorables centuple crême exorciſer recueil contemplent gênaſſiez vigile mener ennemis contrepointe diminueront bourgeoiſes chaîne couvrir payement engage avenir baſcule lionne affoiblira ſimplicité prenant mugir cintrerons ramener permiſſion s'imagina bricole canne prenné

---

ai k ouil oî ge ain chr es thr oient pgr euil oint sf aul is ph ien ſm on ſb el ſch o et ſqu or ſtr ant ſpr ean pr oi pl er ſpl œurs ſchr œufs ç em ez ſt yen pt œil.

défoncer protestant emportes singularifer continué ces cahute feinte fluxions rougi apprenons morte aucun inclinations auguste c'est gonflent offerte coëffée reçoit inopiné gimblettes prononce peignent engourdissons licentieux ferez largesse maintenant demandoient continuité tes accablent haleine payable pénitence halebarde poudrent féliciterions déclamera confiscation celui honte exécuteur complimenterons héritier voutes ambitieux gambaderez promenade continuel représenterai exaltoient lacune.

fuite gingembre canal taxes inhumanité raclent dérangeras concile gouvernail baleine marécage commune misérable & scribe tante obligeons c'est l'agace divinité doit jointe entreprenoit continuation existeroient des cœur examen scorpion goitreux amenant fixe les physiciens spongieux celles punition ceindra sexe prononciation nuptiales payé

---

ey squ ois sch euille sb eau sm eux f y sph eai fr ein tr esse cr oins j eois qu eûn pt um st ay s eur in cuille ss eil est pr œu en an spl oin un.

ffrois xaille deu vœur rouille si clesse phou glaim croit blon plan guez teil presse fez leu koir bai gey blin stoit rour jeur dien ston cloeu jeu schim scar sein phrun.

ambitieuse immunité exhumoient s'éclipsent causeuses tremblasse cuite enfoncez termines informerions enseigné blâme bréve chile chronique cluny clavier clémence christine cloche chûte phrase flêche driade flore flûte ignace grêle agnés phosphore phlébotomie phlegmatique physique plume thucidide. tripoli ivrogne.

CATALOGUE

Des noms des Figures employées dans cet ouvrage, qu'il faut faire lire plusieurs fois aux enfans afin qu'ils en retiennent la vraie orthographe.

des bas . un dé, une roue . un lit . des os. un bossu . la lune . une femme . une pipe . une chaise . une carafe . une cage. —
un balai . le soleil . un serpent . un fauteuil. un verre . une glace . une fleur . des raves . de la salade . une robe . de la dentelle . un ruban. —
des noix . un loup . un raisin . un mouton . un poing . un fouet . une abbesse . une chienne . des cheveux . une fourchette . une bague . un bec. —
un étui, un chien . un . des yeux . des jambes. un ange . un louis . une main . un chapeau . un éventail, un savetier, un canard. —

une cave . une porte . une boule . une chaîne . des griffes . une mouche . une langue . une barbe . une bourſe . une poire . une plume . des pantoufles. —

une perruque . une table . des ceriſes . de la ſoupe . une orange . une boucle . des épingles . une corde . du ſucre . une campagne . un négre . un maſque. —

une éclipſe . des feuilles . la foudre . une montre . un coffre . un livre . un arbre . un buſte . des inſectes . un luſtre . une ſphére . des petits enfans. —

un cheval . un canif . un tambour . l'index . une tortue . un cor de chaſſe . un bœuf . une botte . le noir . un geai . ſaint Paul . une fontaine. —

un plat . une proceſſion . un chandelier . un avocat . une balance . un chaſſis . des abricots . des écus . un compas . un cou . un cœur . un coq. —

des fagots . un logis . une figure . un doigt . le vent . des pincettes . un exempt . la bénédiction . des plumets . une gouvernante . un gateau . une façade d'égliſe. —

un phare . une promenade . une ſcie . une coëffe . un violon . un ſcorpion . un vieillard . une faulx . un pigeon . un turc . une grenouille . un homme qui excite des chiens. —

AVIS.

Avant que de faire passer l'enfant au caractere italique, il faut qu'il lise couramment toute la Piéce de Lecture qui est ci-devant. Pour cela il faut la lui faire lire toute entiere cinq à six fois au moins.

CARACTERES ITALIQUES.

Consonnes.

ch m j gn f r p d l f z ſl t b ill cr v n qu
cl ct gr gu pt ſqu chr ſt gl x ph ç ſſ.

Consonnes doubles formées de simples.

qu ps bl ill dr tr ch fr gu cl vr gl br ſt
cr ct gn pt fl gr ſph ſqu ſtr ſç ſſ ſchr ſpl
pl ſpr ſtr ſch ſb ſm sf ge.

Consonnes doubles mêlées avec les simples.

ſch ſtr gl qu m j v ps br ſç ſb x ſm ſſ ſt
bl f r p sf ſchr cr ill d l gr ſpl ct dr ſ z
t b pl gn tr v n ſpr pt ch x ç pr fl fr b
t z ſtr gr gu ſph z ſ l d ſqu vr f j m.

Voyelles, ſons ſimples & compoſés enſemble.

au eille un eſt elle eſſe oient ez em oit el ois om an im oit eil oî in ei ain elle oy ai au œil y eau yen ai oi ein ê euille ez en & our oit im ë air in ou ei o eur ien eſſe oy aim è on a au ail ay oeu eſt am elle oient au y ouille yen i cœur oî em euil im ouil oi eu ai oir u ois es ê aille ex um é et.

LECTURE.

ſupplice ainſi écrouent platoniciens montoit dentelles & écrivez pacification goboient mes parfum ſoupirail voit hurler chien boiſſon exhaufferiez examen j'ai tambour fera ſcabreux eſtragon andouille aſcenſion dextérité les plaire ſœur publient dénoncé ſept poëte cordage moyen déduction ambaſſadeur enfin brocantoit peau connoître conſpirerent augurer faim exulceroient eſt oxicrat œuvre ſerions voltiger feuille compreſſion divulguent médaille plein cultivez virgule reine caillette recueillement chauffer impatience taxaſſent morceau importe après roi obſcurcis pareſſe abeille humblement connoiſſe ſingularité jouoient pauvreté davan-

tage ſoleil tomber eſprit douceur bête j'irois
dévotieuſement verrouil œil appaiſerent dinez
golfes eſcarcelles plioit exodes & poitrail ſoit
puiſſent c'eſt concentré princeſſe c'eſt exhorbi-
tant poiſſon dédain hymen gauloiſes bourgeois
frappent croit amour dégage tournent dégai-
noient curioſité diſcuſſion humblement cintré
jambe ſimplifierez vient bateau les coloris ſe-
rai écueil timbre frere gênaſſe eſt retractent
évangile mœurs courez boëte affoibliront fra-
gilité c'eſt tranchoir payens connoiſſez élargir
auprès angulaire exercer puiſſent regimbions
vœux adreſſe volaille le mien engourdiroient
ces feuillettes ſinguliere crioient conſcience
ſouillaſſent ixion ſageſſe tes peine promptement
chacun impoſſible fénouil hangart coëffer toi
exécutoire reçoit chaud vieille tu mentois
gambadiez celui cruſſent faute ſote ces exal-
tât embonpoint étayé aucune hymen riez

---

gé b fi pt ceu ſtr tion ſqu ger ſl cen x
gon ſb cœurs bl exil d gul ffl cin cer gail
ffr cel r con tr gin pt boit ctr car gn exo
cl gor t tes ſpr co ſ gam f. exe n cal thr
gui coi.

ſommeil

ſommeil ſtorax exhérédation puoit ſaccage eſpoir bétail m'agace mien gouteux croix jambons des mondains affligeons ſcorpion quay aſſortiſſent chapeaux détour exhibera pareil & campez grenouille nouvelles grégoire humble affaire gingembre capable cœur eſt imbécille je chantois ancien rien ſœur truïte rhumatiſme prudence glutinatif crucifix bruſquerie ſtomacal rhodomontade proſcrit chocolat triſteſſe ſtigmates ſterling trentiéme ſpectacle rhétorique ſcheling.

---

aiſe ſb aſe x eſe d iſe ffr éeſſe ffl éa r

éon tr éor ſcr er pt ar gn ir cl or ctr

oué t ouoit ſ oueſſe f ouen ſpr our ç

oir n eur k air ps ion ſ ian m ieu l

jen iu thr.

AVERTISSEMENT

Sur l'usage que l'on doit faire des sons & des syllabes formés des lettres majuscules, tant pour donner de la facilité aux enfans pour lire le gros caractère, que pour les préparer à l'orthographe de tous les mots qui peuvent s'apprendre sans le secours de la grammaire françaife & de l'usage.

LORSQUE les enfans auront vu plusieurs fois les sons & les syllabes suivantes, il faut leur en faire rendre compte par détail, c'est-à-dire, lettre à lettre, en leur demandant, par exemple, quelle lettre faut-il pour faire le son *an*? quelle lettre faut-il pour faire *in*? &c. Si à ces questions ils répondent juste, en disant, il faut un *a* & un *n* pour faire *an*, un *i* & un *n* pour faire *in*; il faut continuer toujours de même jusqu'à ce qu'on les ait tous parcourus.

Si au contraire ils restent courts, comme cela pourroit fort bien arriver dans le commencement, il faut leur recommander de se les représenter à l'imagination, ainsi qu'ils se représenteroient les figures contenues dans un tableau qu'ils auroient vu, & dont ils voudroient rendre compte, & même les leur faire revoir sur le livre quand ils y manquent.

En faisant rendre raison à un enfant sur le détail des lettres qui entrent dans les sons & syllabes, il ne faut pas pour cela lui changer le nom des lettres, parce qu'il est à propos qu'il conserve leur même dénomination jusqu'à ce qu'il lise parfaitement, tant dans le latin que dans le français, après quoi on lui donnera quelques principes d'orthographe, & pour lors il n'y aura plus d'inconvénient à adopter l'ancienne dénomination des lettres A, Bé, Cé, Dé, &c.

Mais si après avoir affermi les enfans sur le détail des sons qui ne rendent point à l'oreille la valeur des lettres qui les composent, on vient à passer à ceux qui se font entendre à la simple articulation, comme sont les suivans *pr*, *br*, *tr*, *vr*, *el*, *es*, *une*, *il*, &c. alors il faut changer de moyen pour les leur faire trouver. Ainsi au lieu de leur recommander de recourir à leur imagination pour ceux-là (ce qui seroit absolument inutile) il suffit de les leur faire articuler très-doucement, en leur recommandant de peser & d'examiner attentivement le son qu'ils rendent à l'oreille, & dès-lors on verra avec satisfaction qu'ils ne seront pas long temps à distinguer toutes les lettres qui entrent dans la composition des sons & même des syllabes entieres; ce qui les conduira insensiblement à acquérir au moins les deux tiers de l'orthographe.

Il faut bien prendre garde de ne pas confondre cet exercice avec celui qu'on pratique sottement dans la méthode ordinaire, qui est de surcharger la mémoire d'un enfant, en l'obligeant de dire *o u* pour trouver *ou*, *é a u* pour trouver *eau*, *o i* pour trouver *oi*, *é ſ t* pour trouver *eſt*, &c.

La pratique que j'indique eſt bien différente; qu'on ne s'y trompe pas; quoiqu'un eſprit léger & ſans réflexion puiſſe, au premier coup d'œil, y trouver de la reſſemblance avec la pratique ancienne; car la méthode commune fait d'abord dire à un enfant, comme je l'ai déja obſervé, *é a u*, & par un effort de mémoire qui l'oblige preſque à déviner *eau*. La nôtre au contraire offre une plus grande ſimplicité à l'enfant en lui faiſant d'abord articuler ce ſon *eau*, comme s'il n'y avoit qu'une ſeule lettre; & quand il le ſait, & qu'il eſt bien dépeint dans ſon imagination, alors il peut en rendre compte ſans peine, de même qu'il le feroit d'un tableau dont l'aſſemblage des différens objets ſeroit dépeint dans ſon imagination. Ainſi il eſt aiſé de concevoir par ces différentes opérations, que notre méthode finit par où l'autre commence; ce qui établit évidemment la différence qui régne entre les deux méthodes ſur l'uſage qu'on y fait du détail des lettres.

LETTRES MAJUSCULES.

A B D F J I Y K Q L M N O P R
S T U V X Z.

Lettres qui ont deux noms.

C. *se prononce* c *ou* que.
G. *se prononce* ge *ou* gue.
H. *est une lettre muette, à moins qu'elle ne serve à former les sons suivans* PH. CH.
E. *est une voyelle qui a quelquefois le son d'un* é *fermé, & d'autres fois celui d'un* e *muet, comme dans le mot* roue, E.

Sons & Syllabes mêlées de grandes & de petites lettres.

er . . . . . Er	an . . . . An	oir . . . . Oir
on . . . . On	em . . . Em	air . . . . Air
ouil . . Ouil	œu . . . Œu	es . . . . Es
in . . . . . In	œil . . . Œil	elle . . . Elle
eur . . . . Eur	ou . . . . Ou	eu . . . . Eu
im . . . . . Im	euil . . . Euil	oui . . . Oui
en . . . . En	eil . . . . Eil	ail . . . Ail
om . . . Om	au . . . . Au	il Il
ay . . . Ay	our . . . Our	enne . . Enne
oi . . . . Oi	et . . . . ET	eau . . . Eau
ein . . . Ein	oin . . . OIN	œur . . . Œur

une . . . . Une
aim . . . . Aim
am . . . . Am
un . . . . Un
ei . . . . Ei

Les mêmes Sons & Syllabes mêlés.

Premier Ordre.

Elle An Ou Ai Et Au Un Ain Ei Enne Ail Œu Ein Ay En In On Air Eu Eil Oin Our Im Euil Une Eau Aim Il Oui Em Oi Om Eur Ouil Er Œil Am Oir Œur Eſt.

Second Ordre.

Om In Oi En Ay Oui Em Ein Il Œu Aim Ail Eau Enne Une Eil Eur On Eu Elle Air An Œil Ou Er Eſt Ai Oin Et Our Au Ei Un Œur Am Ouil Ain Euil Om Im.

Sons faciles à trouver en conſultant la valeur de chaque lettre en particulier.

Fl Pl Tr Bl Dr St Vr Fr Br Pr Sp Th Pt Str Ps Spl Sm Sb Spr Sr Squ Sç.

Sons pour leſquels il ne faut pas conſulter la valeur de chaque lettre en particulier, ſi on veut les trouver plus facilement.

Ch Qu Cl Gn Cr Gl Ct Gu Chr Ph Gr
Sch Phl Scr Sphr.

Syllabes compoſées de grandes & petites lettres.

Gui Ci Ga Gur Ceux Gelle Cœur Cu Xions
Boit Cal Sept Cour Geſſe Gal Ca Celle
Gen Gon Gin Cail Ptial Exem Cun Ptien
Croit Ces Cette Gen Con Cé Gam Com
Cienne Cau Go Soit Goi Gour Les Ger
Cel Co Cette Cu Exu Geur Gé Ge Des
Gan Gir Gez Cou Gim Exa Gail Tes Cir
Ex Gil Ce Can Cien Xion Cil Cer Tion
Cin Gor Exor Gur Mes Cune Gien Ce
Exer Gai Gule Gau Gi Gom Ceu Gar Exo
Ses Cam Goir Gou Ceſſe Cor Cim Cur
Cez Gul Cet Exi Ces Car Ax Goin Gou
Com Gem Gueu Ges Get Geay.

SONS ET SYLLABES

En Lettres Majuſcules dont la valeur des lettres ne ſe ſent point à l'oreille, ou très-peu.

an	AN	ou	OU
in	IN	am	AM
on	ON	om	OM
un	UN	im	IM
en	EN	um	UM
au	AU	em	EM
ez	EZ	enne	ENNE
eu	EU	{ e	E
er	ER	{ ent	ENT
oim	OIM	ouil	OUIL
oi	OI	ai	AI
ien	IEN	ei	EI
ag	AG	oit	OIT
eur	EUR	et	ET
ec	EC	eſt	EST
oy	OY	ay	AY
eil	EIL	ois	OIS
ail	AIL	oient	OIENT
euil	EUIL	ê	Ê

Premier

Premier Ordre.

Ê AN EZ OIT EU EIL OM EST IM AG OIS ER UM EI AIL IEN AU EM OI AY EN OUIL IN EUR OY UN EC AM OU E AI ENNE OIN ENT ON ET EUIL OIENT.

Second Ordre.

EUIL ET OIN AI OU EC OY IM EN OI AU AIL UM OIS IN OM EU EZ E AN OIT EIL EST AG ER EI IEN EM AY OUIL EUR UN AM E ENNE ENT ON OIENT.

SONS COMPOSÉS

Des précédens, dans leſquels il n'y a qu'une lettre à retrancher ou à ajouter à chacun pour qu'ils ſoient les mêmes aux yeux, n'étant point diſférens à l'oreille.

AN	EN	EL	ELLE
IN	EIN	ES	ESSE
IN	AIN	EUR	ŒUR
ON	EON	EIL	EILLE
UN	EUN	AIL	AILLE
AU	EAU	OUIL	OUILLE
EU	ŒU	EUIL	EUILLE
IEN	YEN	OI	OR
EIL	ŒIL	OU	OUR
IM	AIM	AI	AIR

Sons composés des Radicaux.

Premier Ordre.

EIN AILLE EUN ELLE YEN OIR ŒIL AIN OUILLE EAN OUR ESSE AIM EILLE EAU AIR EON EUILLE ŒUR.

Second Ordre.

AILLE EUN YEN ŒIL OUILLE OUR AIM EAU EON ŒUR EIN ŒU ELLE OIR AIN EAN ESSE EILLE AIR EUILLE.

Les mêmes sons composés mêlés avec leurs racines.

EIN EUIL EAN ET AILLE OIN ŒU AI ESSE OU AIM EC OY IM ELLE EN OI EILLE AU AIL UM YEN OIS IN EUN OUR OM EAU EU EZ É AN AIR OIT EIL ES AG ER OIR IEN ŒIL EM AY OUIL AIN UM AM EUILLE E ENNE ON EUR OIENT EON OUILLE.

DOUBLES CONSONNES,

Dont la prononciation ne rend point à l'oreille le son des lettres qui les composent, ou du moins très-peu, & dont il faut cependant faire rendre raison aux enfans de la façon que je l'ai observé, c'est-à-dire, en leur recommandant de se les représenter comme un tableau.

TABLE.

ch	CH	ct	CT
qu	QU	gl	GL
ill	ILL	cr	CR
gr	GR	gn	GN
ph	PH	thr	THR
cl	CL	chr	CHR
gu	GU	phr	PHR

Répétition de ces doubles Consonnes.

Premier Ordre.

chr gn gl gu ph ill ch gn gu ill thr cr ct cl gr qu phr chr gl ph.

Second Ordre.

ch phr ill qu ph gr cl phr ch gn gu ct gl cr gn thr chr qu cl cr.

DOUBLES CONSONNES

Dont la prononciation rend à l'oreille le son des lettres qui les composent, & dont il faut faire rendre compte aux enfans en les obligeant de consulter leur oreille.

Premier Ordre.

PR FL ST FR PT BR PL TR BL VR DR.

Second Ordre.

FL FR BR TR VR PR ST DR PT PL BL.

Toutes les Consonnes doubles & simples mêlées ensemble.

GU BR QU PHL ST V S GL TR ILL SP GR PHR Z N FL SPL L C' VR P PL SCH CT DR J BL CH FR CL R FL PH PR B CHR SPH PT SQU BL X CR SB FFR D SCR STR GN SPR T F CTR K PS M THR FFL.

SYLLABES

Formées du gros Caractere, dont il faut faire rendre compte aux Enfans, en leur recommandant de conſulter leur oreille, & de ſe les repréſenter comme un tableau.

mes	MES	tion	TION
ci	CI	ce	CE
ge	GE	gur	GUR
ca	CA	cœur	CŒUR
exem	EXEM	gi	GI
co	CO	ex	EX
ſept	SEPT	ction	CTION
cu	CU	ga	GA
go	GO	doit	DOIT

Répétition de ces Syllabes.

Premier Ordre.

MES GE EXEM SEPT GO CE CUŒR EX GA CI CA CO CU TION GUR GI CTION DOIT.

Second Ordre.

CI MES CA GE CO EXEM CU SEPT TION GO GUR CE GI CŒUR EX CTION GA DOIT.

Répétition des mêmes Syllabes mêlées avec leurs composés.

MES CI GE CA EXEM CO SEPT CU GO TION CE GUR CŒUR GI EX CTION GA DES CAU CON GIN GAU CUN EXER LES GOU CEN GER TES CTION CIN GURE CUNE CON EXAU CES GAN CER CAN GEN SES TION CAM EXHOR GON COM GAM.

AVERTISSEMENT.

LA premiere fois que les enfans liront les piéces de lecture qui ſuivent, on n'exigera point d'eux qu'ils lient leurs mots, mais ſeulement la ſeconde fois, parce qu'il ſe trouvera à la fin de ces piéces un recueil de phraſes ſuſceptibles de liaiſon, que l'on fera parcourir aux enfans environ cinquante fois, avant que de leur faire recommencer cette lecture, afin qu'ils contractent promptement une habitude qui ne s'acquiert d'ordinaire qu'avec beaucoup de temps.

On aura ſoin de faire lire fort exactement aux enfans les mots & les phraſes en lettres majuſcules qui ſont placés après les piéces de Lecture ſuivantes.

L'Enfant ferme.

UN jour deux enfans étant allés à la promenade, il s'éleva subitement un grand orage. L'un d'eux, qui étoit un peu craintif, trembla d'abord de peur. Il courut sous un arbre pour s'y cacher. L'autre enfant plus âgé, plus réfléchissant & plus rassis, le rappella.

» Mon cher, lui dit-il, pourquoi vous in-
» quiétez-vous de la sorte ? revenez à moi,
» je vous en prie; & pensez à ce que notre
» pere nous a dit si souvent, savoir : qu'il ne
» faut pas s'inquiéter mal-à-propos : que c'est
» Dieu qui dirige tout, qui régle le tonnerre
» & la foudre; & que rien ne vous sauroit ar-
» river sans sa volonté. Outre cela, une trop
» grande peur ne sert de rien, & ne peut
» qu'occasionner un délire qui peut devenir
» pernicieux. Si vous m'en croyez, suivez mon
» exemple ; vous vous en trouverez mieux. »

Cela encouragea & donna de l'assurance à cet enfant épouvanté ; il se souvint qu'il s'étoit autrefois attiré du mal pour avoir eu trop de peur ; & qu'on l'avoit exhorté à réfléchir avant que de craindre. Il se rejoignit à sa compagnie, qui gagna heureusement le logis. Cependant l'orage se dissipa sans causer le moindre dommage, & le temps se remit parfaitement au beau.

» Vous voyez à cette heure, reprit alors » l'enfant aîné, la vérité de ce que je vous » ai dit : qu'on se trouve toujours mieux de » rester tranquille, tant que le malheur n'est » encore qu'incertain. Un esprit ferme trouve » moyen d'en sortir mieux qu'un autre : c'est » ce que la lecture m'a appris : je vous l'ap- » prends en attendant que vous puissiez, com- » me moi, profiter de la lecture des bons » livres. »

L'Enfant imprudent.

UN enfant s'étoit mis un soir à une table avec son jouet, pour jouer. Au lieu de s'occuper de son joujou, il prit la chandelle & la tira ça & là, tant que la chandelle lui tomba sur la main & le brûla. L'enfant qui en sentoit de vives douleurs, se mit à crier de toute sa force. Un autre enfant, plus âgé que celui-ci, lui dit : *On vous a déjà tant de fois averti de ne pas toucher à une chandelle allumée, ni à autres choses dangereuses ; mais vous ne craignez pas le danger, avant que d'être tombé ; apprenez que c'est très-mal fait.* Ce pauvre enfant, qui s'en repentoit de tout son cœur, promit de s'en souvenir toujours.

L'Enfant corrigé.

PLusieurs enfans assemblés se racontoient l'un à l'autre, comment ils passoient leur temps. Quelques-uns d'entr'eux se plaignoient de ce qu'ils le passoient souvent assez mal. Tantôt ils se trouvoient indisposés ; tantôt ils s'étoient blessés, ou ils étoient tombés, & ce qu'il y avoit de plus fâcheux, c'est que les coups suivoient de près leurs malheurs. Un petit garçon prit alors la parole, disant : qu'il n'étoit pas étonnant que de cette maniere ils passassent assez mal leur tems. Mais je m'étonne, poursuivit-il, que vous vous plaigniez des choses que vous vous attirez vous-mêmes. *Comment, vous-mêmes ?* repartirent ces enfans. Rien de plus aisé à comprendre, leur rendit le petit garçon, & je vais vous l'expliquer. Vous vous trouvez malades, quand vous mangez trop, ou quand vous mangez de ce qui vous est défendu. Vous vous blessez ; lorsque vous vous saisissez de quelque couteau, ou de quelqu'autre instrument dangereux, & vous tombez ou en grimpant, ou en courant, ou en vous heurtant. Et ce qui vous paroît de plus fâcheux, c'est ce qui vous peut arriver de plus avantageux ; savoir, que vous soyez châtiés à cause de tout cela. Les enfans reconnurent bien que ce jeune garçon avoit raison. Cependant ils lui demanderent, s'il ne tomboit jamais dans de pareilles fautes ? celui-ci répondit : qu'il avoit eu le malheur de les commettre autrefois, mais que la correction de son pere & de sa mere l'avoit rendu plus sage, & que par ce moyen il n'étoit plus exposé à de fâcheux accidens, ou privé du plaisir de passer son temps le plus agréablement du monde.

L'Enfant obéissant.

UN enfant, qui aimoit extrêmement les pommes, en trouva un jour à terre sous un pommier. Il les ramassa, je l'avoue, mais il n'osa pas en goûter, quoiqu'une servante qui l'accompagnoit, lui en eût accordé la permission. Il me faut, dit l'enfant, premiérement avoir la permission de mon cher pere & de ma chere mere, parce que je ne sais pas si ces pommes sont mûres ou non. La servante le rassura, & lui voulût même persuader d'en goûter.

Croyez-vous donc, que ce soit bien fait, poursuivit l'enfant, d'agir contre la défense de mes parens ? j'aimerois mieux ne manger jamais de pommes, que de faire une si grande faute. Le pere de cet enfant entra là-dessus dans le jardin. Le petit garçon le voyant, alla d'abord au-devant de lui, & lui demanda s'il étoit permis de manger une de ces pommes qu'il avoit trouvée ſous les arbres ? Le pere lui dit : non, mon cher enfant ; vous ſavez bien qu'il ne faut jamais manger du fruit qu'on trouve par terre, parce qu'il peut être infecté du venin de quelque inſecte & vous cauſer une maladie, ou la mort même. Mais pour récompenſer votre obéiſſance, je vais vous faire donner ſur le champ du fruit cueilli à la main, duquel vous pourrez manger en toute ſureté. L'enfant fut très-ſatisfait de ſa conduite, & reconnut la néceſſité de ſuivre conſtamment les conſeils & les ordres de ſes parens.

L'Enfant attentif

Aux devoirs envers ſes freres & ſes ſœurs.

Un enfant qui deſiroit d'être aimé de ſes freres & de ſes ſœurs, auſſi bien que de ſes parens, & qui les aimoit tendrement de ſon côté, fut extrêmement ſurpris, lorſqu'il apperçut de ſa fenêtre deux freres dans la rue, qui ſe querelloient. Son étonnement s'augmenta conſidérablement, lorſqu'il en apprit la raiſon. C'étoit que l'un des deux avoit eu pour ſon déjeuner une beurrée un peu plus grande que l'autre. Comment eſt-il poſſible, dit-il, qu'il y ait des freres ou des ſœurs dans le monde, qui portent l'envie au point de ſe quereller pour ſi peu de choſe ? Il faut que ces garçons ſoient bien méchans. Son frere aîné lui répondit : que cela n'étoit pas étonnant, puiſque les enfans de cet ordre, ne recevoient point d'éducation, & qu'on avoit négligé de leur inculquer de bonne heure, que l'affection fraternelle eſt abſolument néceſſaire à des enfans bien nés, & qui ont les moindres principes du chriſtianiſme. Ces enfans ſont extrêmement à plaindre, repliqua le cadet, & nous ne ſaurions aſſez reconnoître l'avantage que nous avons au deſſus d'eux, nous qui avons eu le bonheur de naître de peres & de meres éclairés, qui n'ont rien négligé pour nous apprendre notre devoir en de pareilles occaſions. Cela va bien, repartit le frere aîné, profitons des exhortations de nos chers parens, qui ne manqueront jamais de nous inſtruire de nos devoirs, afin qu'avançant en âge, nous avancions en ſageſſe, & que croiſſant en ſtature, nous croiſſions auſſi en vertu & en intelligence. C'eſt là tout l'objet de mes vœux, dit alors le cadet, & je n'aurai jamais rien plus à cœur, que de me rendre recommandable par ma diligence & par ma ſoumiſſion aux ordres des perſonnes, à qui j'ai tant d'obligations.

L'Enfant double.

L'Autre jour mon voiſin me parla d'un enfant abſolument digne de mépris. Cet enfant étoit doux, modéré, humble, obéiſſant, ſage; enfin le meilleur enfant du monde, tant qu'il étoit en la préſence de ſes parens ou de ſon gouverneur. Mais dès qu'il ſe trouvoit ſeul, ou qu'il croyoit ne pas être obſervé, il étoit tout autre, & l'on peut dire qu'il commettoit toutes ſortes de méchancetés. Quand on le ſoupçonnoit de quelque choſe, & qu'on l'examinoit ſur ſes démarches, il employoit tout ſon eſprit pour ſe tirer d'affaire par des ſubterfuges qui bleſſoient ordinairement la vérité. Il trompa de cette maniere aſſez long-temps ceux auxquels il étoit reſponſable de ſes actions. Mais comme ceux qui s'appliquent à tromper les autres ſont ordinairement attrapés, lorſqu'ils y penſent le moins, il en arriva de même à ce petit hypocrite. On découvrit ſes tours malins, qu'il avoit ſu défendre avec tant d'effronterie. On crut qu'on le pourroit encore ramener à force de châtimens, que l'on multiplia tous les jours; mais cela fut tout-à-fait inutile. Les vices s'étoient tellement enracinés dans ſon cœur, qu'il reſta incorrigible, & qu'il fut enſuite plus malheureux, qu'il n'eſt ici beſoin de le dire.

EXTRAIT

Sur l'éducation des Enfans.

RIen de plus important que l'éducation, rien de plus négligé que l'éducation. C'eſt à ce défaut qu'on peut rapporter l'origine de tous les autres. Il n'eſt point de naturel ſi mauvais, dont un maître habile ne puiſſe tirer parti; point d'inclination qu'on ne puiſſe tourner heureuſement; point de pente enfin qu'on ne puiſſe redreſſer. Les plus heureuſes diſpoſitions au contraire, peuvent devenir funeſtes, ou pour le moins inutiles, par le peu de ſoin qu'on aura d'en profiter. Cette vérité eſt, ſans contredit, l'une des plus connues; & celle cependant à laquelle on fait le moins d'attention. Les peres & les meres guides-nés de leurs enfans, regardent leur éducation comme une occupation trop pénible; ils s'en déchargent ſur le premier venu; & payent ſouvent dans la ſuite cette négligence, par la perte de leur repos, dans une vieilleſſe que la mauvaiſe conduite, ou la dureté de leurs enfans leur rend odieuſe.

Le grand point de l'éducation, eſt la correction des vices, & cet ouvrage doit ſe commencer au ſortir du berceau. A peine apperçoit-on dans un enfant les premieres lueurs de la raiſon, qu'on y découvre le germe de tous les vices. Il eſt entêté, il pleure, il frappe du pied, lorſqu'on lui refuſe ſes petites fantaiſies. Quelle eſt alors la conduite des parens & des gouvernantes ? pour s'épargner la peine, d'entendre les cris d'un enfant, ils lui accordent tout ce qu'il demande : l'enfant qui conçoit qu'il n'a qu'à faire le méchant pour être obéi, devient chaque jour plus mutin. Ayez une conduite toute oppoſée : n'accordez jamais à un enfant ce qu'il demande en pleurant, & faites-lui bien entendre que ſes larmes ſont la cauſe de votre refus. Les puériles gouvernantes qui veulent appaiſer un enfant, l'excuſer, lui diſent que c'eſt le chat qui a pleuré, ou qui a fait telle faute ; d'où il conclut qu'il faut mentir pour ſe juſtifier. Si l'on veut obtenir quelque choſe de lui, on lui promet un bonbon, un ajuſtement, & l'on en fait par ce moyen un homme vain & gourmand. Un enfant eſt-il paré extraordinairement, on lui dit qu'il eſt beau, on le tourne de tous les côtés, on l'admire. Quelle impreſſion voulez-vous qu'une telle conduite faſſe ſur ſon cerveau encore foible ? Il concevra que le mérite conſiſte dans la parure, & vous jettez dans ſon cœur les ſemences de l'homme frivole. Apprenez leur dès cet âge par votre indifférence, le prix de ces choſes.

S'il ſe trouve quelqu'un qui lui diſe qu'il eſt bien beau avec ce bonnet, cet habit, dites lui qu'il eſt bien plus aimable avec un ajuſtement ſimple, quand il eſt ſage, qu'avec cet habit neuf, lorſqu'il eſt indocile.

Pour empêcher un enfant de devenir gourmand, ne le récompenſez jamais du côté de la bouche. Accoutumez-le de bonne heure à une vie frugale, & même un peu dure. Que tout ce que vous lui donnerez ſoit bon, mais rien de délicat; ſa ſanté en deviendra plus robuſte, & il ſera plus diſpoſé à ſe contenter du néceſſaire dans mille circonſtances où il ſe peut trouver. Ne permettez jamais à un enfant de manger entre ſes repas; mais en ce temps ne gênez point ſon appétit pour la ſoupe & le pain; faites enſorte qu'il mange de tout, excepté les choſes pour leſquelles ſon eſtomach a une répugnance naturelle; mais prenez garde ſur cet article, d'être la dupe des fantaiſies des enfans. Il faut qu'un enfant ſoit toujours occupé, & ne craignez point de nuire à ſa ſanté par cette application; la multiplicité des exercices ne le fatiguera pas, ſi vous avez ſoin de les varier, & de ne les lui préſenter qu'à titre d'amuſement.

Les premieres années d'un enfant ſont peu propres aux réflexions. Prenez ce temps pour former ſa prononciation, ſa mémoire; cette derniere s'étend à meſure qu'on la cultive, & devient

devient d'une grande utilité dans la ſuite. Mais remarquez que la mémoire doit être la ſervante du jugement, ſi je puis me ſervir de ce terme : ainſi n'apprenez rien à un enfant qu'il ne ſoit à portée de concevoir avec votre ſecours. Expliquez-lui ce qu'il aura appris, juſqu'à ce que vous ſentiez qu'il l'a conçu ; cette méthode ôte ce que l'étude a de rebutant, & les enfans ne s'ennuyent que de ce qu'ils n'entendent pas. Lorſqu'ils auront atteint cinq ou ſix ans, accoutumez-les à répéter ce qu'ils auront appris ; ſans s'aſſujettir aux mots ; faites leur enſuite quelques réflexions, & excitez-les à vous faire part des leurs.

Quoique les fables de la Fontaine ayent paru juſqu'à ce jour l'étude la plus convenable aux enfans, je voudrois qu'on s'en ſervît avec beaucoup de circonſpection. Dans un cerveau encore tendre, il me paroît qu'on ne devroit imprimer que du vrai ; mais en ſuppoſant cette étude exempte de tout inconvénient, elle prend le temps deſtiné à une autre plus importante, & qui eſt à la portée des enfans. L'écriture-Sainte eſt le premier pain dont ils doivent être nourris. Quoi de plus capable de piquer la curioſité d'un enfant, que l'ancien teſtament ? il ſeroit à ſouhaiter que les enfans ſuſſent par cœur le nouveau teſtament ; cela ſe fera imperceptiblement, deux verſets par jour ſuffiront, & c'eſt peu de choſe.

Quand les enfans ſeront ſuffiſamment inſtruits ſur les ſaintes écritures, apprenez-leur les principes de leur langue. C'eſt ici où je vais indiſpoſer contre moi la plupart de mes lecteurs, en blâmant une coutume conſacrée par l'habitude. N'importe, je ne puis m'empêcher de penſer à cet égard, comme les Anglois & les Hollandois. On employe, ou plutôt on perd les plus belles années d'un enfant à l'étude de la langue latine; étude rebutante par elle-même, & plus rebutante encore par la maniere dont on l'enſeigne. Un enfant collé ſur ſes livres, ſe deſſéche l'eſprit & le cœur pendant qu'il fait travailler ſa mémoire; il ne lui reſte aucun tems qu'il puiſſe donner à d'autres études.

Mais, me direz-vous, regarderez-vous ce tems comme perdu, s'il apprend le latin? Je ſerois tenté de répondre que oui; il eſt ſouvent un ſot avec tout ſon latin, s'il ne ſait que cela. Mais l'apprend-il? Je trouve à chaque moment des jeunes gens, qui depuis ſix juſqu'à quinze ans, ont étudié cette langue; ils avouent qu'ils auroient peine à demander en latin les beſoins de la vie, & pour le reſte, ils ſont d'une ignorance craſſe. Mais, dira-t-on encore, la connoiſſance de la langue latine eſt néceſſaire dans la ſuite à nombre de gens. J'en conviens: je n'ai pas prétendu en interdire l'uſage; je voudrois ſeulement qu'on prît un autre tems pour l'enſeigner qu'on attendît qu'un jeune-homme, convaincu de ſa néceſſité, s'y appliquât volontairement. Avec le ſecours d'un maître intelligent, je ſoutiens qu'il ne faut à un eſprit médiocre, qu'une année pour apprendre le latin. J'ai connu une dame, qui, à vingt-cinq ans y fit tant de progrès en ſix mois, qu'elle expliquoit les auteurs les plus difficiles. On ſe convaincra de la vérité de ce que j'avance, en ſuivant le cours de latinité de M. Luneau de Boisjermain. On peut par ſon ſecours apprendre la langue latine en peu de tems, ſans ſecours de maîtres, & ſans déranger le cours de ſes occupations ordinaires.

Mais, m'objectera de nouveau ce pere de famille, il faut occuper les enfans ; le collége m'en débarraſſe. Patience, je vous fournirai les moyens de les occuper. Savent-ils l'hiſtoire-ſainte, les principes de leur langue ? ont-ils quelque connoiſſance de la géographie ? mettez-leur entre les mains l'hiſtoire ancienne de M. Rollin, livre d'or pour les jeunes-gens. C'eſt là qu'ils apprendront à lire avec fruit, & que leur eſprit & leur cœur trouveront un aliment convenable. Vous avez enſuite l'hiſtoire romaine, puis l'hiſtoire de leur pays : Mais apprenez-leur à tirer du fruit de leurs lectures. Qu'ils apprennent, en voyant les plus grands empires détruits par le luxe & par la molleſſe, combien il eſt néceſſaire de s'habituer à la vie dure, de chérir la ſimplicité; faites-leur remarquer que ce qui eſt arrivé à ces empires, ſe retrace tous les jours dans les maiſons particulieres dont on voit diſparoître non-ſeulement l'abondance, mais auſſi le néceſſaire, par la mauvaiſe conduite des chefs. Ces études n'excluent pas la culture des talens naturels & agréables; c'eſt au contraire un amuſement: la muſique, la danſe, le deſſin, peuvent ſervir à les récréer, ſi on les leur montre comme il faut. Quand l'eſprit d'un enfant eſt tout-à-fait formé, donnez-lui une légere teinture de la mythologie des anciens; mais prenez garde de le faire trop tôt. Il regarderoit d'un même œil, le premier chapitre de la geneſe, & la fable de promethée. Ayez une vigilance particuliere pour éloigner les jeunes gens des lectures non-ſeulement dangereuſes, mais même inutiles. Souvenez-vous qu'une jeune perſonne puiſe dans les Romans les mieux écrits, & les plus ſalutaires, en apparence, le goût du frivole; & qu'il n'eſt plus poſſible de la ramener à des lectures ſérieuſes, lorſqu'elle a pris du goût pour les livres ſeulement agréables. Dans le ſiécle où nous ſommes, l'étude des mathématiques eſt d'une néceſſité indiſpenſable pour tous les états: je conſeille d'en étudier les élémens, à l'âge de neuf ou dix ans, & même avant la langue latine. Mais on doit principalement commencer par la langue françaiſe ; on pourra en étudier les principes dans ma *nouvelle méthode pour apprendre la langue françaiſe*, ouvrage qui doit ſervir de ſuite à celui-ci.

ANECDOTE I.

LE jour que les Comédiens français firent l'ouverture de leur ſalle neuve, il ſe paſſa un événement juſqu'alors ſans exemple, & qui doit être conſigné dans les anecdotes pariſiennes. Toutes les places ſe trouvèrent occupées trois heures avant qu'on levât le rideau. Un ſeigneur élégant de la cour arriva trop tard, & ne ſachant où ſe mettre, il aviſa dans l'un des balcons un procureur aſſis fort à ſon aiſe, auquel il dit fort impérieuſement de céder ſa place. L'officier de judicature répondit qu'il étoit entré pour ſon argent, & qu'il ne ſortiroit point pour qui que ce fût. L'élégant ſeigneur, qui croyoit mériter plus d'égards, voyant ſes inſtances inutiles, appella la garde, &, s'étant nommé, ordonna d'arrêter l'homme qui oſoit manquer de prévenance à ſon égard, & qu'il accuſa de l'avoir volé. Le grenadier chargé de cette expédition, s'en acquitta militairement, c'eſt-à-dire, ſans vouloir écouter les raiſons de l'accuſé, qui fut traîné ignominieuſement au corps-de-garde, & eut la douleur de laiſſer à un nouvel arrivé diſcourtois, une place qu'il avoit payée & gardée très-long-tems. On se doute bien que le procureur eut recours à l'arme ordinaire des gens de son état ; il intenta un grand procès, & un procès criminel encore ; le jeune seigneur vit disparoître ses titres & ses prétentions aux yeux de la justice ; un arrêt solemnel du parlement le condamna à reconnoître pour honnête homme le procureur insulté, & à six mille livres de dommage & intérêts, dont moitié applicable aux pauvres de saint-Sulpice, l'autre à ceux de la conciergerie ; ajoutez encore l'arrêt imprimé, affiché, & à tous les dépens. On avouera que le seigneur titré acheta bien cher la satisfaction d'occuper une place, pendant quelques heures, au balcon de la comédie françaife, & celle d'en faire déguerpir un honnête procureur.

ANECDOTE II.

LA premiere fois que Paris vit s'élever un ballon aérostatique, ce fut au champ-de-Mars, le 27 Octobre 1783. La machine resta peu en l'air, parce qu'elle étoit, dit-on, trop remplie d'air inflammable, & qu'il y eût détonnation. Elle fut apperçue au dessus du village de Gonesse par deux paysans occupés à labourer. Elle commençoit alors à descendre, & son volume grossissoit à vue d'œil. Saisis de frayeur à l'aspect de ce phénomene inoui, ils ceſſent leur travail, détellent leur charrue, & ſe mettent à fuir. Cependant comme ils avoient naturellement du courage, confus de leur peur, ils oſent regarder derriere eux : la machine alors étoit tombée ; mais la voyant ſe remuer, s'agiter, bondir & tourner en tout ſens, ils ſe rappellerent les menaces d'un berger voiſin qui paſſoit pour ſorcier ; & perſuadés que c'étoit un de ſes tours, ils ſe remettent de nouveau à courir. Mais, ô terrible incident ! Un coup de vent fit rouler le monſtre de leur côté, & il les eût bientôt atteints. Se ſentant talonnés & n'ayant point de tems à perdre, ils réſolurent de combattre. Ils s'arment bravement de pierres, & les lancent avec fureur : l'animal, toujours agité & roulant, évita les premiers coups ; mais enfin il en reçut un mortel qui lui fit pouſſer une ſorte de ſoupir. Alors ce fut un cri de victoire ; le courage redouble ; le plus hardi des deux champions, comme un autre Don Quichotte, s'approche du monſtre expirant, & d'une main encore tremblante, lui enfonce ſon couteau dans le ſein. Le couteau y entra ſans réſiſtance, & donna paſſage à un air infect qui punit auſſitôt le téméraire. Cependant le globe étoit aſſez gonflé pour préſenter un gros volume, & inſpirer de l'effroi. Les deux payſans vainqueurs, voyant de loin un de leurs camarades avec une charette, l'appellerent pour ſe charger de ce ſortilège

(c'eſt ainſi qu'ils nommoient la machine). Celui-ci refuſa conſtamment de porter cette malédiction chez ſon maître, & s'enfuit précipitamment. Les combattans prirent le parti d'attacher la machine à la queue d'un cheval, & la traînerent dans la boue juſqu'à Goneſſe, où elle entra dans l'état le plus pitoyable. Elle avoit encore néanmoins de quoi effrayer de ſimples villageois, puiſque ceux qui l'avoient conduite en triomphe, avant de ſe préſenter dans la ferme où ils ſervoient, crurent devoir avertir leur maîtreſſe de ne rien craindre, attendu qu'ils avoient mis le monſtre hors d'état de faire aucun mal.

TRENK ET FRÉDERIC,

DIALOGUE.

TRENK. Eſt-ce vous, Sire ? Eſt-ce l'ombre de Fréderic que je ſalue ? Ah ! ne fuyez point l'ombre du pauvre Trenk que vous perſécutâtes 42 ans, que pendant plus de 11 vous retîntes chargé de fers dans les cachots, que vous privâtes de ſa patrie, de ſes biens, de ſes emplois, ſans l'entendre, ſans le juger; & malgré tant d'outrages, voyez le fidelle Trenk à vos pieds.

FRÉDERIC.

FRÉDERIC. Levez-vous, Trenk, causons ensemble ; mais ne m'appellez plus SIRE, ne vous mettez plus à mes genoux. Ces marques de respect étoient bonnes sur la terre. Ici, sujets & Rois sont sur la même ligne. Vous êtes Trenk, moi Fréderic.

T. Eh bien, Fréderic, êtes-vous enfin revenu de vos préjugés contre moi ? Croyez-vous que j'aye voulu vous trahir par une correspondance criminelle & attenter à vos jours ?

F. Je ne veux point vous juger sur les rapports de vos ennemis ; mais sur votre histoire écrite par vous-même, & d'après laquelle la postérité prononcera.

T. La postérité révoque souvent les jugemens des têtes couronnées ; & la plume des écrivains, plus puissante que le sceptre des Rois, maîtrise les races futures.

F. Ai-je eu tort de vous suspecter, Trenk ? Vous qui aviez dans l'armée ennemie un parent d'une fortune immense, & dont vous étiez l'héritier ; à qui en pleine guerre vous aviez demandé des chevaux ; qui vous avoit renvoyé les vôtres pris par ses pandoures, & avec qui, malgré les plus rigoureuses défenses, vous entreteniez une correspondance ?

T. Ah ! malgré les apparences, vous n'eûtes jamais de sujet plus fidelle & plus injustement puni que Trenk.

F. Mais si vous aviez été prudent, vous

m'auriez préſenté vous-même la lettre que votre parent vous écrivoit en vous renvoyant vos chevaux. Vous auriez mieux fait, vous auriez répondu au Pandoure : *Tant que nos ſouverains ſont en guerre, je ne puis rien accepter de vous. C'eſt les armes à la main que je dois reprendre ce qui m'a été enlevé par les armes.*

T. Je fus imprudent ; mais vous, fûtes-vous juſte, en m'empriſonnant dans la citadelle de Glatz ſur des ſoupçons vagues, & ſans me faire juger par un conſeil de guerre ?

F. Je ne vous condamnai qu'à une détention d'un an, au lieu qu'un conſeil de guerre vous auroit puni bien plus ſévérement.

T. Quoi ! vous voulez faire paſſer pour un acte de clémence, un coup d'autorité digne de Thamas Kouli-Kan plutôt que du grand Fréderic ? Du moins, un conſeil de guerre ne m'auroit-il pas jugé ſans m'entendre.

F. Comment vous comportâtes-vous pendant votre détention ? vous m'écrivîtes une lettre hautaine, au lieu de me demander grace.

T. Coupable, j'aurois demandé grace. Innocent, j'implorai votre juſtice. Me l'auriez-vous refuſée, Fréderic, ſi je l'avois demandée à la tête de deux cent mille hommes ? Mais dans le Dictionnaire des grands, foible & opprimé ſont ſynonymes.

F. Vous tentez vainement, pour fuir, un coup déſeſpéré, puis vous débauchez inutilement la garde. Vous vous ſauvez enfin ; & vous vous étonnez que ſur le bruit répandu que vous vouliez attenter à mes jours, je vous aie fait arrêter ?

T. De quel droit arrêtiez-vous à Dantzick un officier Autrichien, ſi ce n'eſt du droit qui vous rendit maître de la Sileſie ? Quel fut mon crime en m'évadant ? N'eſt-ce pas le droit naturel de tout captif ? celui ſur-tout de la victime d'un deſpote. Je fus imprudent, vous injuſte, & c'eſt vous qui me faites des reproches ! Ah ! ſi j'ai eu des torts, vous me les avez cruellement fait expier ; avez-vous expié les vôtres ?

F. *Bon cœur & mauvaiſe tête*, Trenk. Voilà, en deux mots, votre portrait.

T. Retournez la médaille. *Bonne tête & mauvais cœur*, voilà le vôtre, Fréderic ; excuſez ma franchiſe, nous ne ſommes plus à Potzdam, & vous n'avez point ici de flatteurs à gage, pour vous appeller le *Salomon du Nord*. Avouez, Fréderic, que dans ma détention à Magdebourg, vous avez pouſſé la cruauté juſqu'à un excès de rafinement qui auroit étonné Buſiris.

F. Je ne ſuis pas à m'en repentir. Mais auſſi pourquoi les Rois ſont-ils ſi bien ſervis quand ils font le mal, & ſi mal quand ils font le bien ?

T. Pourquoi leur fait-on mieux la cour

en servant leurs passions plutôt que leur justice ?

F. Trenck ! vous me jugez trop sévèrement.

T. Et n'est-ce pas vous qui m'avez fait souffrir pendant onze mois toutes les horreurs de la faim ; qui m'avez chargé de soixante livres de chaînes ; qui m'avez mis les fers aux pieds, aux mains, autour du corps ; qui entourâtes mon cou d'un carcan ; qui ordonâtes que la nuit on me reveillât chaque quart d'heure ; qui me plaçâtes dans un cachot tout dégouttant d'humidité, avec une tombe sous mes pieds, décorée d'une tête de mort & de mon nom ?

F. Ah ! Trenk, ce sont là des atrocités de subalternes. Les Rois sont bien malheureux d'être responsables & du mal qu'ils font, & de celui qu'ils laissent faire.

T. Aussi le pauvre Trenk, sans reproches, au fond de son cachot, n'auroit-il pas changé son sort contre celui de Fréderic bourrelé sur le trône. Mais quel est ce grouppe d'ombres qui sortent de ce bocage & vous poursuivent avec acharnement ?

F. Ce sont les ombres des malheureux renfermés par des coups d'autorité à Spandau. Je fuis, pour me dérober à leurs justes reproches.

Par M. Mallet, de Genève.

RÉFLEXIONS

SUR l'usage que l'on doit faire de sa langue.

CE N'EST POINT L'ÉPÉE QUI DOMPTE LA COLERE DES AUTRES, MAIS LA PAROLE DOUCE ET HUMBLE. QUAND ILS CRIENT, NOUS CRIONS NOUS-MÊMES; NOUS EMPLOYONS LES INJURES, LES MENACES ET LES MOYENS VIOLENS POUR LES FAIRE TAIRE; ET NOUS OUBLIONS QU'IL NE FAUT QU'UN MOT DE DOUCEUR ET DE CIVILITÉ.

UNE LANGUE DOUCE, DISCRETE ET ÉLOQUENTE EST L'ARBRE DE VIE DANS LA

MAISON ET DANS LA COMPAGNIE OU ELLE EST. CHACUN EN TIRE DES FRUITS DE CONSOLATION, ET DES REMEDES POUR LES INQUIÉTUDES ET POUR LES AUTRES MALADIES INTÉRIEURES. ELLE GUÉRIT TOUTES LES PLAYES DE NOTRE AME : MAIS LA LANGUE TÉMÉRAIRE EST UNE ÉPÉE QUI LA BLESSE, ET QUI, PAR SES PAROLES INCONSIDÉRÉES, LUI PORTE DES COUPS MORTELS JUSQU'AU FOND DU CŒUR.

IL Y A CERTAINES GENS DONT LA SCIENCE EST DE SAVOIR TOUT CE QU'IL Y A DE HONTEUX DANS LA MAISON ET DANS LA VIE DE CHAQUE PERSONNE, ET DONT LA CONVERSATION ET L'EMPLOI EST D'EN PARLER

SANS CESSE, ET DE LE PUBLIER PAR-TOUT : GENS HARDIS EN MÉDISANCE, INDISCRETS ET IMPUDENTS EN REPARTIES, INÉPUISABLES EN PAROLES.

C'EST ÊTRE BIEN SAGE, QUE D'ÉVITER LA RENCONTRE DE CES GENS-LA. C'EST L'ÊTRE DAVANTAGE, QUAND VOUS LES RENCONTREZ, DE LES LAISSER DIRE, ET DE N'AVOIR AUCUN DIFFÉRENT AVEC EUX.

C'EST L'ÊTRE PARFAITEMENT, QUE DE FAIRE ENSORTE QU'ILS CRAIGNENT D'EN AVOIR AVEC VOUS, ET QU'ILS SOIENT CONTRAINTS D'ÊTRE SAGES PARTOUT OU VOUS ÊTES.

ON MET EN CE MÊME RANG DES INSUPPORTABLES, LES

GRANDS PARLEURS ; CES SORTES D'HOMMES OU DE FEMMES, QUI, DURANT LES ENTRETIENS, ONT TOUJOURS LA BOUCHE OUVERTE, ET DONT LA CONVERSATION, COMME AUTREFOIS CELLE DU PHILOSOPHE ANAXIMÉNES, EST DE RÉPANDRE DANS LES COMPAGNIES UNE RIVIERE DE PAROLES ET UNE GOUTTE DE BON SENS.

SOYEZ MIEUX APPRIS ET PLUS MODESTE. LAISSEZ DIRE, QUAND VOUS AVEZ DIT : DONNEZ LE LOISIR AUX AUTRES DE VOUS RÉPONDRE, ET AYEZ LA FORCE DE VOUS TAIRE LORSQUE ILS PARLENT. MONTREZ-LEUR QUE VOUS POUVEZ ÉCOUTER A VOTRE TOUR, ET NE PERMETTEZ PAS QU'ON PENSE DE VOUS

VOUS CE QU'ON DISOIT DE CE PHILOSOPHE , QU'AU LIEU DE DEUX OREILLES LA NATURE LUI AVAIT DONNÉ TROIS LANGUES.

ON MET ENCORE EN CE RANG DES PERSONNES QU'ON A DE LA PEINE A SUPPORTER, CES AUTRES FOUX QUI NE PEUVENT PARLER , NI MÊME SOUFFRIR QU'ON LEUR PARLE D'AUTRES CHOSES QUE DE LEURS PROPRES LOUANGES; QUI SEMBLENT NE RIEN SAVOIR SINON L'HISTOIRE DE LEUR FORTUNE ET DE LEURS ACTIONS. LE PIS EST QU'ILS VEULENT QUE LES AUTRES NE SACHENT RIEN AUSSI QUE CETTE MÊME HISTOIRE ; ILS LA RACONTENT A TOUT LE MONDE; ET QUOIQU'ILS LA RE-

DISENT SANS CESSE, ILS OUBLIENT TOUJOURS DE L'AVOIR DITE, ET LA RECOMMENCENT A CHAQUE RENCONTRE.

LES PERSONNES QUI SE VANTENT NE VALENT GUERES MIEUX EN COMPAGNIE QUE CELLES QUI SENTENT MAUVAIS. C'EST UNE FACHEUSE AVENTURE POUR UN HOMME D'HONNEUR DE SE TROUVER ENTRE LES DEUX, ET N'OSER FUIR. LE PIS NÉANMOINS N'EST PAS DE DEMEURER-LA, ET D'ÉCOUTER LEURS SOTTISES : CE SERAIT DE PRENDRE LEUR MAL, ET DE CONTRACTER, A LEUR EXEMPLE, L'HABITUDE DE PARLER DE VOUS, ET DE VOUS VANTER VOUS-MÊMES. SOUFFREZ-LES ; MAIS NE LES IMITEZ PAS.

AYEZ POUR MAXIME QU'IL EST INCOMPARABLEMENT MOINS HONTEUX D'ÊTRE BLAMÉ ET MOQUÉ DES AUTRES, QUE DE SE LOUER SOI-MÊME. LES IMPOSTEURS ET LES LIBERTINS ONT SOUVENT BLAMÉ ET ACCUSÉ LES SAGES ; JAMAIS AUCUN SAGE NE S'EST LOUÉ.

ON MET ENCORE DANS CE MÊME RANG LES BOUFFONS TÉMÉRAIRES ET LES ÉTOURDIS, QUI NE PEUVENT PARLER SANS RAILLER, NI RAILLER SANS OFFENSER CEUX QUI LES ÉCOUTENT. IL EST VRAI QUE LES RAILLEURS MODESTES ET HONNÊTES, SONT LE SEL NÉCESSAIRE A NOS CONVERSATIONS QUI SE CORROMPENT AISÉMENT, ET QUI DEVIENNENT INSIPIDES

ET ENNUYEUSES, LORSQU'ON N'Y RIT PAS : MAIS TROP DE CE SEL EST BIEN PIS QUE POINT DU TOUT : ET REMARQUEZ QUE CE TROP N'EST PAS LOIN DU PEU. IL FAUT BIEN DE LA SAGESSE POUR SE TENIR DANS LA MODÉRATION, ET POUR NE POINT PASSER JUSQUES A L'EXCÉS.

ÉCUEIL CHAMPIGNON BECFIGUE C'EST ENBROUILLEMENT LA SIMPLES PHLEGMATIQUE CITOYEN POSSESSION QUANTIÈME GENES ÉTEIGNIRENT VIGILE RÉSISTANCE COURAGEUX BROUILLERIE AFFOIBLIR IMPORTUN SPONGIEUSE ÉLARGIR BALANCER TERMINANT VESTIGE GRIFFONAGE CES TROMPETTES PLAGIAIRE PARAPHRASER AUGURER SŒURS GIMBLETTE SPLENDEUR GOURMANDES SEMAILLE ANGULAIRE PHYSIONOMIE PRÉFIXION CONCLAVE DES GAGNOIS CHACUN COEFFÉE AFFECTEZ REÇOIT TES SCHISMATÍQUE RÉVÉRENCIEUX PARFUMS SAGESSE

HARDIMENT RÉLÉGUEMENT COMTESSE ENDOCTRINOIENT EXÉCRATION GAMBADIEZ LA PRÉCEPTEUR JEUNERONT CAISSE MOI CINGLOIT ESSAYÉ NÉGATION ACTIVITÉ CELUI ŒIL EXALTERONT RANCUNE PILLAGE MIGNONETTES AGACE SINTAXE POUVOIR RESSEMBLENT CAISSON MARÉCAGES CONFISQUANT DES CRAMPONOIT SCORPION SOUVIENNE CAMPHRE PSEAUTIER GIMGEMBRE RESTRAINDRE MANTEAU GOUDRONNER FUSTIGEONS GOITRE CHRONOLOGISTE EXISTANTE ABATTENT DIVULGANT CANON ACCUEILLE FACILES TRIOMPHATEUR SCRUPULEUSEMENT BALAY C'EST SCRUTIN DOIT FAIM CŒUR RECHIGNERA ARTIFICIEL CORNEILLE ILS CELLE PARCEQUE AGDE NUPTIALE EXHUMAT.

TABLE

Par le moyen de laquelle on apprendra aux Enfans à lier toutes ſortes de mots ſur leſquels on les exercera beaucoup avant que de les faire paſſer aux phraſes ſuivantes.

bien utile	*ſe prononce comme*	bien-n'utile.
mes amis	*s'il y avoit*	mes-z'amis.
elle arrive	. . . .	el-l'arrive.
doit être	. . . .	doi-t'être.
ſon habit	. . . .	ſon-n'habit.
deux épées	. . . .	deux-z'épées.
trop entêté	. . . .	tro-p'entêté.
l'un & l'autre	. . . . .	l'un-n'et l'autre.
grand homme	. . . . .	grand-t'homme.
dix écus	. . . .	dix-z'écus.
très-habile	. . . .	très-z'habile.
on enſeigne	. . . . . .	on-n'enſeigne.
aux autres	. . . .	aux-z'autres.
en étourdi	. . . .	en-n'étourdi.
après avoir	. . . .	après-z'avoir.
cinq aſſiettes	. . . . .	cinq-qu'aſſiettes.
avec eſprit	. - . . . ,	avec-qu'eſprit.
pas étonnant	. . . . . .	pas-z'étonnant.

PHRASES

Composées de toutes sortes de liaisons de Mots.

Des habits enrichis de diamans & de perles.
C'est-à-dire qu'on n'avoit point averti les autres.
On ne pouvoit y entrer sans en être étonné.
On parle encore de cet adorable temple.
C'est être un grand impie que d'y ajouter foi.
Elle est assez ouverte pour qu'on y puisse entrer.
Des turbans abattus, & des ennemis épouvantés.
On croyoit être dans un autre endroit.
Jusques alors on se le disoit les uns aux autres.
Tantôt il paroissoit au milieu de ses amis.
Il est à présent quatre à cinq heures au moins.
Mais au moment où il prenoit une cruche de vinaigre.
C'est un fait qu'on a peine à croire au moment où l'on en est convaincu.
On entendit comme un concert dans les airs.
Après avoir enseigné sept heures entieres.
Des historiens insipides nous ont dit mal à propos.
C'est ainsi que les avares pensent ordinairement.
Son amour ne pouvoit être mieux exprimé.
On a dit ici qu'il avoit arrêté les ennemis.
Quand elle vint à considérer son ambition.
Travaillez avec assez de fruit pour y arriver.

Son naturel angélique étonnoit ses ennemis.
On y voyoit aussi des ouvrages très-utiles.
Son ami mourut bien avant son établissement.
Huit heures sont sonnées, mais il n'en est pas neuf.
Il y en a sept à moi, trois à vous & deux à moi.
Il est trop aimable pour ne pas être de la partie.
Ses yeux sont affreux, car ils lui sortent de la tête.
Peut-on vous en croire après ce qu'ils ont dit.
Il remonte en prendre une seconde & court en faire le même usage.
L'un ou l'autre se trompe, ou ment impunément.
Grande amitié en apparence & puis c'est tout.
Il n'est pas allé en Italie comme on le disoit.
Quand il diroit autre chose, le croiroit-on ?
Dix écus sont assez pour un aussi petit objet.
Voyez son étonnement, ses yeux en sont égarés.
Peut-être est-il en chemin pour arriver.
Chacun en a pris aux environs de cette armée.
Il est trop estimable & trop humain pour cela.
Son esprit n'a point encore eu son égal.
Huit & quatre sont douze en tout pays.
Elle a là une bonne amie dont elle est héritiere.
C'est autant à vous qu'à ces deux hommes.
Deux ennemis sont bien plus à craindre qu'un.
Si leurs affaires sont ainsi, il faut en avoir raison.
Avec autant de sagesse qu'un ange en auroit eu.
Peut-être n'est-il pas encore arrivé.

On

On paſſoit agréablement les jours & les nuits à cela.

Il n'a rien appris en ſon bas âge, ſinon qu'il étoit.

Sait-on s'il vient aujourd'hui de la campagne ?

Cet air royal & céleſte qui paroiſſoit en lui.

Plus on y penſe & moins on y trouve de remède.

C'eſt un homme trop aimable pour n'être pas aimé.

Les uns & les autres penſerent bien autrement.

Ce n'eſt pas un malheur que d'être inconnu.

Je ſuis avec un homme qui vaut bien autant.

Je me conſolois autrefois en liſant avec eux.

Je m'occupe ainſi à les expliquer de tems-en-tems.

Il n'y a jamais eu un plus grand homme en aucun art.

Il m'en eſt venu deux ou trois à cinq heures.

Comme il faiſoit en des endroits plus éloignés.

On y entend beaucoup de bruit & on n'y voit rien.

C'étoit en effet un plus grand avantage pour eux.

Il s'établit un nouvel ordre de choſes dans la Nation.

Quelques heures après on y arrivoit en foule.

Plus propres encore à élever ſon eſprit au ciel.

Des grottes & des eaux étoient tout autour de-là.

La politique & la morale dont il a rempli ſon ouvrage.

En travaillant à mon hiſtoire j'y ai obſervé.
Sans eux peut-être qu'il auroit été plus ami.
Un écrivain des plus eſtimés diſoit autrefois.
Pour bien écrire, il faut ſavoir bien effacer.
Il ne peut être aſſez lu, ni aſſez expliqué.
Il y renferme en un ſeul mot des vérités infinies.
Il faut auparavant vous dire deux ou trois paroles.
Sa hardieſſe, ſon eſprit & ſes autres qualités.
Quelle eſt l'excellence & la force de ſes idées.
Il conduit un homme juſques à la règle de ſes actions.
Les autres ont beaucoup écrit ſur ſes entretiens.
Salomon, diſent-ils, fut un Roi que tous aimerent.
Et que pas un n'aima ſans être plus aimé.
Dieu, dit-elle, vous a fait Roi pour aimer vos ſujets.
C'eſt un enfant ſpirituel & doué d'une belle ame.
On apprit en le voyant combien il étoit néceſſaire.
On le met ordinairement dans un appartement.
Il eut un courage au-deſſus des plus héroïques.
Combien il étoit doux & honorable de lui obéir.
Nous avons vu qu'il avoit la main à ſon épée.
C'étoit aſſez d'aller vaincre un ennemi.
Il eut alors de grandes & de puiſſantes armées.
Mais on ne les mit point en campagne.
On attendoit auſſi que vous fuſſiez arrivé.

Les étrangers connurent alors qu'ils étoient.
Bientôt il découvrit aux yeux des hommes.
La dévotion & la ſageſſe lui ayant ouvert les yeux.
Vous y trouverez ce qu'il y a de mieux au monde.
Les grandeurs imaginaires ſont une occaſion.
Je puis ajouter que le plus heureux des hommes.
Entre autres, il fit deux actions éclatantes.
Ces ouvrages étoient des Indes Orientales.
Des extrêmités du monde on arrivoit ici.
Son grand eſprit y brilloit à ſon tour.
Un grand exemple ſervit à calmer les autres.
On dit ici que vous changez en or & en argent.

TABLE DES ABRÉVIATIONS,

Uſitées dans le François & ſur-tout dans les Gazettes.

J. C. Jeſus-Chriſt.
L. M. Leurs Majeſté, en parlant du Roi & de la Reine.
L. H. P. Leurs Hautes-Puiſſances, en parlant de la Hollande que l'on appelle encore les États-Généraux.
Mgr Monſeigneur.
M^{r}. Monſieur.
M^{e}. Maître.
M^{re}. Meſſire.
Mme. Madame.

Mlle. Mademoiselle.

N. D. Notre Dame, c'est-à-dire, la Sainte-Vierge.

N. S. J. C. Notre-Seigneur Jesus-Christ.

Le P. R. Le Prince Royal. C'est ainsi qu'on appelle le fils aîné du Roi de Prusse.

La R. P. R. La Religion Prétendue Réformée.

S. A. Son Altesse. Qualité qu'on donne aux Princes & Princesses.

S. A. E. Son Altesse Électorale. Titre qu'on donne aux Princes Électeurs de l'Empire.

S. A. R. Son Altesse Royale. Titre qu'on donne aux Électeurs qui sont Rois, quand on ne les considére que comme Électeurs, & aux Princes & Princesses du Sang.

S. A. S. Son Altesse Sérénissime.

S. Em. Son Éminence. Qualité d'un Cardinal.

Le S. P. Le Saint-Pere. En parlant du Pape.

S. Ex. Son excellence. Titre qu'on donne aux Ambassadeurs & aux Maréchaux de France.

S. G. Sa Grandeur. Titre d'un Evêque & d'un Archevêque.

S. H. Sa Hautesse, l'Empereur des Turcs.

S. M. Sa Majesté, ou le Roi.

S. M. Brit. Sa Majesté Britannique, le Roi d'Angleterre.

S. M. C. Sa Majesté Catholique, le Roi d'Espagne.

S. M. T. C. Sa Majesté Très-Chrétienne, le Roi de France.

S. M. T. F. Sa Majesté Très-Fidèle, le Roi de Portugal.

S. M. Dan. Sa Majesté Danoise, le Roi de Danemarck.

S. M. Imp. Sa Majesté Impériale, l'Empereur.

S. M. Nap. Sa Majesté Napolitaine, le Roi de Naples.

S. M. Pol. Sa Majesté Polonaise, le Roi de Pologne.

S. M. Port. Sa Majesté Portugaise, le Roi de Portugal.

S. M. Sic. Sa Majesté Sicilienne, le Roi de Naples.

S. M. Suéd. Sa Majesté Suédoise, le Roi de Suéde.

S. S. Sa Sainteté ou le Pape.

L. É. G. Les États Généraux.

L. P. O. La Porte Ottomane, ou simplement la Porte. C'est la cour du Grand-Seigneur.

V. Em. Votre Eminence. En parlant à un Cardinal.

V. Exc. Votre Excellence, en parlant à un Ambassadeur.

V. G. Votre Grandeur.

Sire, en parlant au Roi de France.

Don *ou* Dom, mot espagnol, qui signifie *Monſieur*. On donne ce titre aux Bénédictins, Chartreux, Bernardins & Barnabites.

Le T. R. P. Le Très-Révérend Pere ; on donne ce titre aux Religieux diſtingués dans leur ordre.

La R. M. La Révérende Mère. On donne ce titre aux Religieuſes.

Ant. Antienne.

Ibid. Ibidem, ou le même.

Pſ. Pſeaume.

℣. Verſet.

℟. Répons.

TABLE

Pour apprendre à connoître les chiffres arabes & romains.

	Arabes.	Romains.
Un	1	I
Deux	2	II
Trois	3	III
Quatre	4	IV
Cinq	5	V
Six	6	VI
Sept	7	VII
Huit	8	VIII
Neuf	9	IX
Dix	10	X
Onze	11	XI
Douze	12	XII
Treize	13	XIII
Quatorze	14	XIV
Quinze	15	XV
Seize	16	XVI
Dix-ſept	17	XVII
Dix-huit	18	XVIII
Dix-neuf	19	XIX
Vingt	20	XX
Vingt-un	21	XXI
Vingt-deux	22	XXII
Vingt-trois	23	XXIII

Vingt-quatre	24	XXIV
Vingt-cinq	25	XXV
Vingt-fix	26	XXVI
Vingt-fept	27	XXVII
Vingt-huit	28	XXVIII
Vingt-neuf	29	XXIX
Trente	30	XXX
Trente-un	31	XXXI
Trente-deux	32	XXXII
Trente-trois	33	XXXIII
Trente-quatre	34	XXXIV
Trente-cinq	35	XXXV
Trente-fix	36	XXXVI
Trente-fept	37	XXXVII
Trente-huit	38	XXXVIII
Trente-neuf	39	XXXIX
Quarante	40	XL
Quarante-un	41	XLI
Quarante-deux	42	XLII
Quarante-trois	43	XLIII
Quarante-quatre	44	XLIV
Quarante-cinq	45	XLV
Quarante-fix	46	XLVI
Quarante-fept	47	XLVII
Quarante-huit	48	XLVIII
Quarante-neuf	49	XLIX
Cinquante	50	L
Cinquante-un	51	LI
Cinquante-deux	52	LII
Cinquante-trois	53	LIII

Cinquante-quatre

Cinquante-quatre	54	LIV
Cinquante-cinq	55	LV
Cinquante-ſix	56	LVI
Cinquante-ſept	57	LVII
Cinquante-huit	58	LVIII
Cinquante-neuf	59	LIX
Soixante	60	LX
Soixante-un	61	LXI
Soixante-deux	62	LXII
Soixante-trois	63	LXIII
Soixante-quatre	64	LXIV
Soixante-cinq	65	LXV
Soixante-ſix	66	LXVI
Soixante-ſept	67	LXVII
Soixante-huit	68	LXVIII
Soixante-neuf	69	LXIX
Soixante-dix	70	LXX
Soixante-onze	71	LXXI
Soixante-douze	72	LXXII
Soixante-treize	73	LXXIII
Soixante-quatorze	74	LXXIV
Soixante-quinze	75	LXXV
Soixante-ſeize	76	LXXVI
Soixante-dix-ſept	77	LXXVII
Soixante-dix-huit	78	LXXVIII
Soixante-dix-neuf	79	LXXIX
Quatre-vingt	80	LXXX
Quatre-vingt-un	81	LXXXI
Quatre-vingt-deux	82	LXXXII
Quatre-vingt-trois	83	LXXXIII

Quatre-vingt-quatre	84	LXXXIV
Quatre-vingt-cinq	85	LXXXV
Quatre-vingt-ſix	86	LXXXVI
Quatre-vingt-ſept	87	LXXXVII
Quatre-vingt-huit	88	LXXXVIII
Quatre-vingt-neuf	89	LXXXIX
Quatre-vingt-dix	90	XC
Quatre-vingt-onze	91	XCI
Quatre-vingt-douze	92	XCII
Quatre-vingt-treize	93	XCIII
Quatre-vingt-quatorze	94	XCIV
Quatre-vingt-quinze	95	XCV
Quatre-vingt-ſeize	96	XCVI
Quatre-vingt-dix-ſept	97	XCVII
Quatre-vingt-dix-huit	98	XCVIII
Quatre-vingt-dix-neuf	99	XCIX
Cent	100	C
Deux-cens	200	CC
Trois-cens	300	CCC
Quatre-cens	400	CCCC
Cinq-cens	500	D
Six-cens	600	DC
Sept-cens	700	DCC
Huit-cens	800	DCCC
Neuf-cens	900	DCCCC
Mille	1000	M
&c.	&c.	&c.

RÉFLEXIONS PRÉLIMINAIRES

Sur la lecture du Latin.

LA lecture du latin n'est pas si difficile ni si opposée à celle du français qu'on se l'imagine ordinairement. Ce n'est pas néanmoins que j'approuve la méthode de certains maîtres, tels que sont ceux du bureau typographique, qui ont coutume d'enseigner l'une & l'autre tout-à-la-fois en même tems, ou même de faire précéder la lecture du latin à celle du français. Je juge, au contraire, que cet usage est dangereux, & je pense qu'il ne faut faire passer un enfant à la lecture du latin, que lorsqu'on le voit si bien affermi dans la lecture du français, que rien ne soit capable de l'arrêter. Les préjugés que l'on a sur la difficulté de lire le latin, ne doivent leur naissance qu'à l'ancienne méthode qui emploie presque autant de tems à cette lecture qu'à celle du français. Cela ne peut être autrement, je conviens qu'à envisager la chose de ce côté-là, les préjugés sont bien fondés ; mais j'ose dire que la méthode que je propose, est propre à les dissiper parfaitement : & je me flatte que l'on conviendra que, dès qu'on est instruit de ses principes pour la lecture du français, on surmonte bientôt les difficultés dont la lecture du latin est accompagnée.

INSTRUCTION

Sur la maniere d'enseigner à lire très promptement le latin.

1°. ON dira d'abord en général à l'enfant, que la lecture du latin est la même que celle du français, à cette différence près, que presque toutes les lettres se font sentir dans la prononciation latine : au lieu que dans la française, il arrive très-souvent, comme il a dû remarquer lui-même, que des lettres sont employées sans rendre cependant à l'oreille leur son naturel, comme dans ces mots, *crimes*, *simples*, où la lettre finale *s* ne se fait point entendre.

2°. Que les sons *in*, *an*, *on*, *am*, *im*, &c., se prononcent presque toujours comme en français, lorsqu'ils commencent les mots, quoique à la fin, ils se prononcent différemment, c'est-à-dire, en rendant à l'oreille le son de toutes les lettres qui les composent. Exemple, no*n*, vi*m*, luna*m*, carni*s*, cœlo*s*, dispone*t*, &c.

TABLE
DES SONS LATINS,

Parmi lesquels il s'en trouve peu qui ne rendent à l'oreille le son des lettres qui les composent.

Un dé	e œ æ
Une veste	est
Une caisse	es
Une ville	ill
Une fourchette	& et
Un homme	um
Une Dame	am em im om
Une danse	ans ins ons }
. . . .	ant int ent ont }
Une canne	an en in on
Un mouton	un uns unt
Un raisin	en ens
Un	unc nunc }
. . . .	tunc cunc hunc }
Un cha *ssis*	ti
Une perru *que*	ch
Du su *cre* . . .	chr
Un ambi *gu*	gu
Des fa *gots*	go
Un é *cu*	qu
Des abri *cots*	qo
Une guenon . . .	gn

Les mêmes ſons latins mêlés.

Premier Ordre.

unt eſt hunc gu int em un e ant om ti es nunc an qu ons œ gn unt on uns & ch ens um ill tunc ans am qu æ in un chr & im et eſt gn ent cunc um ins ont.

Second. Ordre.

gu un om hunc an œ on um am in & ent et ont nunc eſt em ant es ons ont ens tunc œ chr uns gn ins ans int e ti qu gn cunc ch ill qu & un im um ans.

TABLE

DE SYLLABES LATINES,

Dans laquelle chaque terminaiſon eſt exprimée pluſieurs fois, afin d'affermir promptement les Enfans ſur la lecture des mots latins, même les plus difficiles.

e

be ſe ge le che cre gne fle pe me tre de cle je ille fre ne ple dre ne ple dre ſphe ſe bre ve te pre gle pſe ſte ſtre vre ble re cte xe ze pte.

es

bes ſes ges les ches cres gnes ſles pes mes tres des cles illes fres nes ples dres phes ſes bres bres ves tes pres ples ſpes ſtes ſtres gres vres bles res ctes xes jes ptes zes.

ill

illam illas ille illa illos illud illic illum illius illinc illæ illis illes illuc illorum illarum illæ.

œ

bœ fœ jœ lœ chœ crœ gnœ flœ pœ mœ trœ dœ clœ frœ nœ plœ.

eſt

beſt feſt geſt leſt cheſt creſt gneſt fleſt peſt meſt treſt deſt cleſt freſt.

qu *ou* co

quo qua quam quas quos quot quod quat qua quant quar quas quot quat quar quum quo quam quunt quos quod quant qua quot quar quum quant quos quam quunt quo quas quar quam quod quant quos qua quot quar quunt quo quod quar qua quant quam quos quant quot quum quos qua quas quod quant qua quot quar quo quunt quat qua quod quot quam quo quant.

qu *ou* cu

qui quem quinque quid quæ quis quent quens quis ques quim quint quet quin quem que quid quin quens quæ quint quæ ques qui quin quid quent quit quim ques quis quet quin quem que que qui quem quen quid quis quet quin quem quens quæ quet qui.

ch

cha chi chu chunt chim chor chas chos chans chis che cho chant cham chir chas cher chem chos chans chis chim cher chum chæ chunt.

chr

chre chris chram chras chrunt chri chres chrum chris chros chrons chret chres chrus chrans chret chrens chrunt chro chræ chrent chrum chres chram chron cres chræ chrent chrunt.

æ

dræ præ ſæ bræ væ tæ præ glæ ſpæ ſtæ græ vræ blæ ræ ctæ xæ.

gu *ou* gû

gu *ou* gû

gue gues guem guim guens gui guæ guent gues guæ guem guens guet guen gue gues guim guæ guent guim gues guem guens guæ.

gu *ou* go

guam gua gunt guant gua guans guo guant gunt guax guat guar guant guas gunt guam guat guax guans guam gua guant guat guos guat guas guant guax guo gunt.

am

guam nam plam dram pham ſam bram vam tam pram glam ſquam chram quam.

em

ſpem ſtem ſtrem chrem grem quem vrem rem blem ƈtem zem xem bem fem ptem guem.

im

lim gim chim crim gnim fim chrim pim mim trim quim dim clim frim guim nim ſquim.

gn

gna gni gnens gnet gne gnu gno gner gnunt gnes gnæ gnam gnor gnent gnim gnans gnem gnant gnos gnunt gnas gnis gnus gnet gnum gnat gnem gnent gnes gnal gnis gnæ gnas gnant gnunt gnæ gnes gnum gnens gnum gnet gnes gnunt gnat.

unc *comme* unque

unc nunc tunc cunc hunc hac hæc cunc hic nunc hoc tunc huc hinc nunc hanc illinc tunc iſtinc cunc illuc hunc iſtuc cunc hanc illic hunc illinc hæc tunc hac nunc illuc cunc illic hoc tunc iſtinc hanc nunc.

ci *ou* ti

tia tiæ tiam tiis tiarum tias tium tii tius tio tiens tians ties tius tiem tiim tie tios ties tient tium tiæ tiunt tians ties tii tient tiam tiint ties tiunt tiens tium tient tiem ties tium.

om

plom drom phom guom ſom brom vom tom prom ſquom ſpom chom ſtom ſtrom chrom quom gnom.

an

vran blan chran ran gnan zan ptan xan ban fan gan lan than quan cran van gnan ſlan pan ſquan chan.

en

men tren den chren clen quen guen nen plen dren phen chen ſen bren ven ten pren glen ſquen gnen.

in

ſpin ſtin grin ſtrin quin vrin blin rin ctin xin guin chrin gnin zin ptin bin fin gin lin.

on

chon cron gnon chron flon pon mon tron don non clon fron guon plon dron phon quon ſon lon ſquon.

um

blum rum ctum ptum xum ſum brum vum tum prum cum ſquum ſpum ſtum grum quum vrum cum ſtrum bum fum guum lum chum crum gnum flum pum mum cum lum chrum gnum cum plum.

un

bun ſun dun gun lun cun grun gnun chun flun pun mun cunc dun frun trun frun gnun ſun run lun.

ans

nans plans drans phans ſans chrans brans vans tans prans glans ſquans ſpans ſtans grans bans gnans ſtrans plans.

ens

quens vrens blens rens chrens ctens xens zens ptens bens fens tens gens lens chens ciens gnens plens dens.

ons

flons pons mons trons dons clons frons gnons nons plons fons gons drons chons phons ſons trons vons tons.

et

net tet gret chet gnet det quet met plet net ſtet get gnet quet get ſet blet cet cret.

ant

prant glant ſquant ſpant grant quant gnant ſtant vrant ſtrant blant tant cant gnant vant chrant ctant rant xant ptant zant gant bant.

ent

bent fent gent lent chent gnent ſlent pent guent ment trent dent clent chrent frent guent nent ſtent phent bent lent ſlent crent dent.

int

plint drint phint ſint chrint brint vint tint pint glint ſquint guint ſpint grint ſtint quint vrint guint plint.

unt

blunt runt chrunt ctunt xunt zunt ptunt bunt funt quunt lunt chunt crunt gnunt ſlunt punt munt trunt dunt clunt frunt guunt nunt plunt drunt phunt crunt ſunt brunt vunt tunt prunt glunt ſquunt ſpunt ſtunt quunt runt ctunt funt guunt ſunt drunt.

PIÉCE

DE LECTURE LATINE,

Dans laquelle toutes les terminaiſons des mots latins ſont répétées par différens mots.

VIde charitatibus villam ſatiatur qui familiæ chriſtianis eſt columnam veniet prudentiæ quo et timebunt cœleſtibus hac chriſtianus nunc reverentiam languidus dicens experientiis noctem ſedes legerint ineptias in chorus exundantem confluentium fulgent vim potius probationum amant omnes hæc non mutaverunt negotiantem cum mutans magnus lumen nunc an linguam reverentiam.

Germinare euchariſtia humillimas abſentia notæ quem & chriſte columbam amet adoleſcentiæ legunt hic cœleſtium qua chriſtum inſolentiam tunc languens violentiis docens ſeptem comes docuerint impatientias mons fecunditate chori viventium legent audiverim diutius credant communis hoc delineationis nonne adeuntium negotiantium putans magnum ſemen tunc annus linguas erunt abſentia.

Generatio machinabatur illæ ſentiamur quin præſentium chriſtianos eſt huc facundiam licet magnificentiæ audiunt cœcarum quam antechristum malitiam hunc languet legens & opulentiis languentem dies sint delitias fons loquuntur choro præsentium mulcent docuerim citius hac ignorant expectatio omnia nonnullus morbum negotiantibus amans magnopere nomen fuerunt hunc annales linguarum.

Eatur chartarius ancillas ingentia alioquin sententiæ christus & misericordiam leget justitiæ possunt cœnobia quas sunt chronologum nequitiam cunctandus languefecit rigens hominem & munificentiarum anchises fuerint licentias in hæc voluntas & chorum vitii celebrent legerim sanctius existimant commune nonnunquam explorationem summum negotianti exaltans magnificum crimen cunctandus anne linguans scierunt.

Procedit chelidoniæ illa vitia que politicæ christianum est quoniam deprimeret tristitiæ induxerunt cœlicolis quot christinam cunctantis sanguis scientiam avaritiarum potens nationem feles possint reverentias fons obsequuntur choræ solatii respondent sitim amputarunt præstantius doceant commune patientiam nonnusquam & lumbum hic negociatio flamen magnificat conantem nunc annexus linguantis.

Fidei chiromantiis facillimum præstantia quæ ezechiæ taceret christianissimum & burgundiam elegantiæ deducunt quod cœliferarum chromburn pœnitentiam cunctatio sanguinis cupiens invidiarum æmulationem miles consignaverint conscientias pons hoc nunquam choris silentii possunt est securim potentius parant omnium merserunt patientes nonnulli clamans plumbum negotiatrium dedignatur cognomen cunctantis & annona linguantem.

Acceperant chorda millibus pugnantia aliquem elisærum chrema est tædam digereret gratiæ violarunt cœnaculis aliquot christianissimum sapientiam tunc sanguinum & videns abundantiarum fundatorum doces audiverint nuptias in eundum chorda pretii superent diligerim propitius huc cum laborant omne patientem non quoties lacrimans expugnabunt carmen tunc annotat linguantes fleverunt.

Itaque chromatis illud luctantia qui ignorantiæ chrisma & etiam ambularet impudentiæ pereunt aliquod chronicam sententiam cunctatus languescens hac ridens indulgentiarum generationem leges consonuerint imperantium mons eundem chordam exitii dissimulent abjecerim sapientius omnipotens notant patiendi non etiam hæc meum toties magnificentia fœdarunt est rigans agmen cunctatio annua linguantibus.

Quotidie chorus illam patientia quisque tractandæ chrismatis est pristinam imprimeret malitiæ responderunt cœnationibus quondam chriæ

chriæ ſolertiis, cunctantur languide cadens opulentiarum eundem dulces laboraverint laudantium fons & ſtabiliuntur charus flagitii relinquent exploraverim cum latius exarant eſt omnipotentis patiens non idem poſſunt noſtrum quoties flagrans pugnavit certamen hunc annulus lingua.

Etiam chalcedoniarum tigillum conſtantia quemque ſcholæ chriſmatæ & prædam incumberet ſolertiæ præcellunt chriſte fœdifragus quouſque ſtultitiis cunctatione langulas hic metuens blanditias ſanitatem locupletes fundârint eſt gentium in facundos charitas latii abſtergerent trucidaverim oratio cum diſſimulant omnipotenti patientium non ultra ſudaverunt tuum durities ambulans regnare flumen cunctatus annum ſtricte linguarium incumberet.

Deditas calchanti illum pœnitentia antiquitatis & æmulatur chriſma nunquam ſumerent ſtultitiæ expectabunt mœſtitia quotuplex eſt chriſmatum lætitiis nunc languefactus ſapiens clementias veritatem cineres audierint pudentium frons ſecundum charitates negotii emollirent poſſim hoc æmulationes exaltant omnipotentium patienti & exaltaverunt non alter veſtrum toties explorans regnis ligamen nunc anne linguace.

Alieno chriſmatis pupillos peritia inquinare athenæa & chriſtum namque huc condiret ſcientiæ defecerunt mœnium quotieſcumque chrisostomo innocentiis hanc est gustu ducens sentias matrem habes venerint nocentium sons undique charitatibus otii exhalarent fuerim emptione trucidant omnis non ibi patientis suum postulârunt quoties sollicitans dignum limen cumulantur annos linguax.

Necessitates chamæleon illuc impudentia inquietus cœteris est chronologia summam cubaret prudentiæ dixerunt pœnalis quotidie christicolos vigilentiis tunc & langues molliens quem eloquentias familiares legerint rebellantium in unde charitates spatii fuissent potuerim nationum hac legerant omnipotentibus negotians tulerunt nonnihil tantum durities lustrans indignos gramen tunc annotantes linguaces.

Reipublicæ charitas capillis pueritia requiem & ædes christe feram subjiceret innocentiæ fluunt pœnitens aliquam chromis arrogantiis nunc singulæ hæc blandens potentias precem virgines sint ingentium frons euntes palatii essent est crederim cognationibus duxerant charitatum negotiantis huc non ita mecum adduxerunt toties levans est pugna amen hunc armatis linguas.

EPISTOLA PRIMA.

NE ad culpam ſilentii orationis impudentiam adjungam, illuſtriſſime Domine, cauſæ nihil dico, quin graviter mihi ſuccenſeas; ſi tamen is ſum qui ſuccenſere digneris: ſed, ut ingenuè fatear, largiter pecco, quòd hactenùs nihil ad te litterarum dederim. Tibi perſuaſum ſit me officii mei non fuiſſe oblitum, ſed concurſu negotiorum obrui quæ me non patiuntur officiis incumbere. Si tamen æquitas tua non faſtidit admittere aliquam facti excuſationem, poſſum liquidò jurare non eſſe tribuendum ingrati animi vitio, quòd fuerim tam parcus & infrequens in operâ ſcribendi, quaſi non ſatis intelligerem quantùm tali viro deberem, quòd me benevolentiâ ſuâ complecti dignaretur. Sed fatalis quædam inertia fuit cui acceſſerunt domeſticæ calamitates, quibus per aliquot jam menſes ita graviter afflictor, ut vix mentem componere queam ad ullam inſigni viro dignam cogitationem. Bonitatis tuæ grata recordatio vivet in animo,

Dùm memor ipſe meî, dùm ſpiritus hos reget artus.

Atque utinam alio munere quàm litterarum officio, & gratiarum actione defungi possem, ut scires me beneficiorum tuorum atque meritorum gloriam memori mente conservare. Quod nî fecero, expungar ex albo honestorum hominum, judicerque reus summæ ingratitudinis, quo genere mortalium terra nihil pejus creat. Sed quoniam sanctæ necessitudinis vinculum, quod mihi tecum intercedere pateris, non est æstimandum ritu & modo vulgarium amicitiarum; segregabo proletarium sermonem, & uno verbo dicam me vel solduriorum lege tuum semper futurum. Deum Optimum Maximum, cujus numine ac virtute fiunt omnia, quæso venerorque, ut anno proximo, cæterorumque sequentium, consulta & facta tua moderari, ac ritè secundare, teque favore suo cœlesti complecti dignetur. Vale, ornatissime Domine, me tibi devinctum pro vitâ habeto, summoque cum obsequio me credito, tuî observantissimum.

Nemausi, sexto kalendas Januarii. An. 1791.

EPISTOLA SECUNDA.

QUo pluribus tibi nominibus adstrictus sum, amantissime Domine, eò plus studii ac diligentiæ in amore testificando, penès me residere patiaris, æquum esse arbitror. Ultimæ litteræ tuæ mœroris & gaudii divortiis distractum offenderunt, adeò ut etiamnum animum à se malè dissidentem velut ex ingenti plagâ reconciliare cogar. *Gaudii* quidem, quòd agnoscere licuit te benè valere, & affectum in te meum pari amore remunerari. *Mœroris* verò, cùm legi quosdam maleficos è parochiâ tuâ lites de beneficio contra te suscitavisse. Ego quidem magis moverem, nisi scirem judices depravatorum quorumdam calumniis temerè non credere, sed potiùs ab ipsis veluti mendaces fore damnandos. Quòd cultum & observantiam per litteras non sim citiùs testatus, negotiis meis adscribes. Non possum abundè verbis effari, vir eximie, quantùm humanitati tuæ me debere sentiam, quòd tam benignè mecum communicare non dubitaveris. Pluribus verbis non ostentabo devotum animum, nisi ut te rogem atque obsecrem, ut me utaris ad omnia quæ voles, quæque me posse judicabis, tanquam eo qui æternum erit cum obsequio maximo, servus tuus devotissimus.

Nemausi, die vigesimâ quartâ Martii anno 1791.

CARMINA.

SPlendida majestas solio sublimis ab alto
In musas humiles placidos demittere vultus
Constituit : pronèque favens incumbere suade :
Aspectu pavidam perstringit concitus horror :
At gratis vicibus peramantem nacta patronum
Lætior exultat festo facundia plausu.
Expandit pectus , meritumque expromit amorem ;
Insita compescit strictam reverentia linguam.
Cur neque qui totis exæstuat usque medullis
Impatiens disrumpat amor pigra vincula vocis ?
Erumpat ; dicat clarum pietate parentem ,
Ardua quem superis virtus facilè advehit auris.
Deprecor auxilium venerandi regis olimpi ,
Quo fretus patrias laudes celebrare peropto.
Accessum numeris , patrum mitissime , dona ,
Unum oro : gratum tuum amorem multa cupitum

Des, & ad aſpectum cari prodire parentis.
An quicquam eſſe mihi queat illo munere majus ?
Nunc ſine uti deſiderium quod me excitat ipſum
Exhibeat tibi legitimum vectigal honoris,
Curarum quid ſit pretium haud ignoro tuarum,
Quarum ſum atque fui verax & teſtis apertus.
Quæ tibi, quæ reddam pro donis omnibus, ipſe
Diligo te tantùm, te non mihi carior alter:
Conſpicuos meritoſque tibi denuntio cultus.
Comprecor ad vitæ dilectæ, numen olimpi,
Tempora ſumma tuæ, donis te illuceat amplis;
Principium donet felicibus, annuus iſte,
Futuris, orbis, genus abſtrahat omne malorum,
Gaudia, proſperitas, te, fertilitaſque ſequantur
Semper, & Omnipotens in te ſua dona profundat.
Vive diù felix, votorum ſumma meorum eſt.

Abréviations latines.

Ant.	Antiphona.
D. O. M.	Deo Optimo Maximo.
Ibid.	Ibidem.
N^{a}.	Nota.
N. B.	Nota Benè.
P. C.	Patres Conſcripti.
P. S.	Poſt-Scriptum.
Pſ.	Pſalmus.
R. P.	Res Publica.
S. P. Q. R.	Senatus Populuſque Romanus.
Col. Nem.	Colonia Nemauſenſis.
V. G.	Verbi Gratiâ.
℣.	Verſus.
℟.	Reſponſio.
&c.	Et cætera.
ā	am , an.
ẽ	em , en.
ĩ	im , in.
õ	om , on.
ũ	um , un.
Dn̄s.	Dominus.
Am̄.	Amen.

AVIS

DÉCLARATION
DES
DROITS ET DES DEVOIRS
DE L'HOMME ET DU CITOYEN.

Le Peuple Français proclame, en présence de l'Être Suprême, la Déclaration suivante des Droits et des devoirs de l'Homme et du Citoyen.

DROITS.

Article Premier.

Les droits de l'homme en société sont la liberté, l'égalité, la sûreté, la propriété.

II. La liberté consiste à pouvoir faire ce qui ne nuit pas aux droits d'autrui.

III. L'égalité consiste en ce que la loi est la même pour tous, soit qu'elle protège, soit qu'elle punisse.

L'égalité n'admet aucune distinction de naissance, aucune hérédité de pouvoirs.

IV. La sûreté résulte du concours de tous pour assurer les droits de chacun.

V. La propriété est le droit de jouir et de disposer de ses biens, de ses revenus, du fruit de son travail et de son industrie.

VI. La loi eſt la volonté générale exprimée par la majorité, ou des Citoyens ou de leurs Repréſentans.

VII. Ce qui n'eſt pas défendu par la loi, ne peut être empêché. Nul ne peut être contraint à faire ce qu'elle n'ordonne pas.

VIII. Nul ne peut être appelé en juſtice, accuſé, arrêté ni détenu, que dans les cas déterminés par la loi, et ſelon les formes qu'elle a preſcrites.

IX. Ceux qui ſollicitent, expédient, ſignent, exécutent ou font exécuter des actes arbitraires, ſont coupables et doivent être punis.

X. Toute rigueur qui ne ſeroit pas néceſſaire pour s'aſſurer de la perſonne d'un prévenu doit être ſévèrement reprimée par la loi.

XI. Nul ne peut être jugé qu'après avoir été entendu ou légalement appelé.

XII. La loi ne doit décerner que des peines ſtrictement néceſſaires et proportionnées au délit.

XIII. Tout traitement qui aggrave la peine déterminée par la loi, eſt un crime.

XIV. Aucune loi, ni criminelle, ni civile, ne peut avoir d'effet rétroactif.

XV. Tout homme peut engager ſon temps et ſes ſervices, mais il ne peut ſe vendre ni être vendu; ſa perſonne n'eſt pas une propriété aliénable.

XVI. Toute contribution eſt établie pour l'utilité générale; elle doit être répartie entre les contribuables, en raiſon de leurs facultés.

XVII. La ſouveraineté réſide eſſentiellement dans l'univerſalité des citoyens.

XVIII. Nul individu, nulle réunion partielle de citoyens, ne peut s'attribuer la ſouveraineté.

XIX. Nul ne peut, ſans une délégation légale, exercer aucune autorité, ni remplir aucune fonction publique.

XX. Chaque citoyen a nn droit égal de concourir, immédiatement ou médiatement, à la formation de la loi, à la nomination des repréſentans du peuple et des fonctionnaires publics.

XXI. Les fonctions publiques ne peuvent devenir la propriété de ceux qui les exercent.

XXII. La garantie ſociale ne peut exiſter ſi la diviſion des pouvoirs n'eſt pas établie, ſi leurs limites ne ſont pas fixées, et ſi la reſponſabilité des fonctionnaires publics n'eſt pas aſſurée.

DEVOIRS.

ARTICLE PREMIER.

La déclaration des droits contient les obligations des légiſlateurs : le maintien de la ſociété demande que ceux qui la compoſent connoiſſent et rempliſſent également leurs devoirs.

II. Tous les devoirs de l'homme et du citoyen dérivent de ces deux principes gravés par la narure dans tous les cœurs :

Ne faites pas à autrui ce que vous ne voudriez pas qu'on vous fît.

Faites conſtamment aux autres le bien que vous voudriez en recevoir.

III. Les obligations de chacun envers la ſociété conſiſtent à la défendre, à la ſervir, à vivre ſoumis aux lois, et à reſpecter ceux qui en ſont les organes.

IV. Nul n'eſt bon citoyen s'il n'eſt bon fils, bon père, bon frère, bon ami, bon époux.

V. Nul n'eſt homme de bien s'il n'eſt franchement et religieuſement obſervateur des lois.

VI. Celui qui viole ouvertement les lois, ſe déclare en état de guerre avec la ſociété.

VII. Celui qui, ſans enfreindre ouvertement les lois, les élude par ruſe ou par adreſſe, bleſſe les intérêts de tous; il ſe rend indigne de leur bienveillance et de leur eſtime.

VIII. C'eſt ſur le maintien des propriétés que repoſent la culture des terres, toutes les productions, tout moyen de travail, & tout l'ordre ſocial.

IX. Tout citoyen doit ſes ſervices à la patrie et au maintien de la liberté, de l'égalité & de la propriété, toutes les fois que la loi l'appelle à les défendre.

FIN.

jugemens rendus contre eux, 216. Peines contre ceux dont les chevaux auront blessé quelqu'un, 220, 22[?], 223, 230 & 231. Le nombre des chevaux d'équipage d'artillerie sera porté à 3,000 livres, 274.
Chévry. Circonscription de la Paroisse, 67.
Choiseul Stainville (le sieur) : il y a lieu à accusation contre lui, 178. Son procès lui sera fait devant la haute Cour Nationale, *ibid.*
Chollet. Réduction & circonscription des Paroisses du District, 50 & 51.
Ci-devant. Il est défendu de se servir de ces expressions, 386.
Circulation des subsistances, *or* & *argent.* Voyez *ces mots.*
Citations devant le tribunal de Police. Leur forme, 224 & 225. Elles seront données à trois jours ou à l'audience la plus prochaine, *ibid.* Cas où il n'en sera pas besoin, *ibid.*
Citoyens (Forme du recensement des) & personnes préposées à sa confection, 215 & suiv. Peines contre les citoyens domiciliés déja réprimés pour rixes, attroupemens nocturnes, désordre en assemblée publique, & qui commettront de nouveau le même délit, 233. Ce qui leur est prescrit relativement aux attroupemens séditieux, à l'arrestation des brigands, voleurs, &c., 306 & 307. Leur organisation pour le service de la garde nationale, 325. Leurs fonctions, 331 & suiv. Leur discipline, 388 & suiv.
— *Actifs* (lieux où les officiers de terre & de mer pourront exercer leurs droits de), 60. Ce qui est statué à l'égard des Citoyens actifs par le décret sur l'organisation des gardes nationales, 321 & suiv.
— *François* (personnes qui perdront la qualité & le droit de), 386.
Clamecy. Le Directoire du District est autorisé à acquérir l'ancien auditoire de la ci-devant Justice seigneuriale, 211 & 212.
Clameur publique (toutes personnes poursuivies par la) seront saisies & conduites devant l'officier de police, 306. La garde soldée des villes n'aura pas besoin de réquisition particulière pour les saisir, *ibid.*
Classement des places de guerre & postes militaires, 79 & suiv.
Clergé. Le Trésorier de l'extraordinaire est autorisé à recevoir les arrérages échus au premier Janvier dernier des contrats de rente sur l'Etat, ainsi que le paiement des actions, billets de loterie, effets de tout genre, & coupons d'iceux, qui appartenoient à des ci-devant Corps & Communautés ecclésiastiques, 142. L'arrêté du Directoire du Département du Bas-Rhin, concernant les Religieux, est confirmé, 189. Les administrateurs du Directoire du Département de la Seine inférieure indiqueront provisoirement

www.ingramcontent.com/pod-product-compliance
Lightning Source LLC
Chambersburg PA
CBHW071932160426
43198CB00011B/1366